河北省社会科学基金项目：中华优秀传统文化教育渗透高校
研究
项目编号：HB17JY023
项目类别：一般项目

中国优秀传统文化融入高校人才培养全过程研究

刘 慧 康 宁 许晓辉◎著

吉林出版集团股份有限公司
全国百佳图书出版单位

图书在版编目（CIP）数据

中国优秀传统文化融入高校人才培养全过程研究／刘慧，康宁，许晓辉著.－－长春：吉林出版集团股份有限公司，2022.7
　ISBN 978-7-5731-1817-2

Ⅰ.①中… Ⅱ.①刘… ②康… ③许… Ⅲ.①高等学校－人才培养－研究－中国 Ⅳ.①G649.2

中国版本图书馆CIP数据核字(2022)第129793号

ZHONGGUO YOUXIU CHUANTONG WENHUA RONGRU GAOXIAO RENCAI PEIYANG QUANGUOCHENG YANJIU

中国优秀传统文化融入高校人才培养全过程研究

著　　者	刘　慧　康　宁　许晓辉
责任编辑	宫志伟
装帧设计	墨尊文化

出　　版	吉林出版集团股份有限公司
发　　行	吉林出版集团社科图书有限公司
地　　址	吉林省长春市南关区福祉大路5788号　邮编：130118
印　　刷	长春新华印刷集团有限公司
电　　话	0431-81629711（总编办）
抖 音 号	吉林出版集团社科图书有限公司 37009026326

开　　本	710 mm×1000 mm　1／16
印　　张	8
字　　数	200千
版　　次	2022年7月第1版
印　　次	2022年7月第1次印刷

书　　号	ISBN 978-7-5731-1817-2
定　　价	58.00元

如有印装质量问题，请与市场营销中心联系调换。0431-81629729

前　言

　　文化作为人类社会的产物，对人类价值观念及判断标准的形成都起着重要的作用，而教育的过程使得文化得以延续与传承。中国上下五千年历史，文化更是博大精深，这些优秀的传统文化一方面是维系全民族团结的纽带，另一方面也是经过历史的锤炼流传至今的精髓。优秀传统文化中包含了前人在为人、处世、生活、治国等方面的经典见解，具有丰富的教育价值。但是，随着西方文化的冲击，传统文化逐渐边缘化。大学生作为国家未来的建设者、文化的传承者，更应该继承发扬传统文化精神。

　　党的十七大、十八大到如今的十九大都在倡导传统文化的重要性，并且提出要着力加强中国优秀传统文化教育。本书从高校人才培养方案着手，结合我国当前的高校优秀传统文化教育情况，探讨传统文化对人发展的影响和中国优秀传统文化教育对高校人才培养的价值以及高校人才培养全过程渗透中国优秀传统文化教育的路径，以期更好地将中国优秀传统文化的精髓渗透进高校的人才培养方案中，使中国优秀传统文化得以传承，人才得到发展，教育事业更加完善。

　　本书在撰写过程中参考并借鉴了大量学者的著作，在此，对他们表示衷心的感谢！由于编者水平有限，书中难免存在不足之处，在此深表歉意，并恳请广大专家、学者批评指正，当不胜感激！

目　　录

第一章　传统文化概述 …………………………………………………… 1

 第一节　文化概述 ………………………………………………………… 1
 第二节　传统文化概述 …………………………………………………… 9
 第三节　学习传统文化的目的、意义和方法 …………………………… 16

第二章　中国优秀传统文化与人的发展 ………………………………… 20

 第一节　中国优秀传统文化的历史发展与价值趋向 …………………… 20
 第二节　中国优秀传统文化对人的发展的影响 ………………………… 28

第三章　中国优秀传统文化教育与高校人才培养 ……………………… 45

 第一节　中国优秀传统文化教育的内涵与功能 ………………………… 45
 第二节　中国优秀传统文化教育对高校人才培养的价值 ……………… 47

第四章　中国优秀传统文化融入高校人才培养的策略 ………………… 50

 第一节　高校人才培养现状 ……………………………………………… 50
 第二节　中国优秀传统文化在高校人才培养方案中的有效融入 ……… 54

第五章　新时期中国优秀传统文化融入高校人才培养全过程的
    实践思路及内容 …………………………………………………… 59

 第一节　中国优秀传统文化融入高校人才培养全过程的实践思路 …… 59
 第二节　中国优秀传统文化融入高校人才培养全过程的主要内容 …… 70

第六章　中国优秀传统文化融入高校人才培养全过程的实践……93

　　第一节　高校通识教育中融入中国优秀传统文化教育……93
　　第二节　高校德育教育中融入中国优秀传统文化教育……101
　　第三节　高校专业教育中融入中国优秀传统文化教育……113

参考文献……119

第一章 传统文化概述

第一节 文化概述

一、文化概念

（一）文化的词源

"文"最早见于商代甲骨文，是个象形字，表示的是一个身有花纹袒胸而立之人，本义是纹理。《说文解字》解释为"错画也"，即各色交错的纹理。后世引申为文物典籍、礼乐制度、文德教化等。"化"则是个会意字，出现稍晚，本义是教化。《说文解字》解释为"教行也"，即通过教育改变人们的言行。"化"字从"人"从"匕"，《说文解字》曰："匕，变也，从到（倒）人。"可以看出，"化"由一正一倒的两个人组成，要使两人和谐融洽，就需要迁善、感化和教化，后世引申为改易、变化、生成等。

"文化"作为单一概念，在我国很早就出现了，但近代以前，一般指"文治"和"教化"，与"武力""武功"相对。如西汉刘向说："圣人之治天下也，先文德而后武力。凡武之兴，为不服也，文化不改，然后加诛。"西晋束皙则说："文化内辑，武功外悠。"我们今天所说的"文化"，是19世纪末通过日文从西方转译而来的。在西方，"文化"一词英文、法文都写作culture，都是从拉丁文演变而来的，原意为耕耘、居住、操作。中世纪以后，其意义延伸，进而涵盖了神明祭祖、道德法律、精神修养等诸领域。可见，中国传统的"文化"与西方的culture在内涵上有明显的区别："文化"的本义是文治教化，强调的是人的社会活动，偏重于精神领域；而culture的本义是人与自然的关系，是从人类的物质生产出发的，进而引申到社会领域和精神领域，其含义要宽泛得多。然而，这两个词义有共同的一面，即强调人有意识、有目的的活动。

（二）文化的定义

19世纪中叶以后，随着人类学、社会学、民族学等人文学科的兴起与发展，"文化"一词逐渐成为专门术语。最先把文化作为专门术语的是被称为"人类学之父"的英国人泰勒。他在1871年出版的《原始文化》一书中对文化进行了首次诠释："文化或文明是一个复杂的总体，它包括知识、信仰、艺术、道德、法律、风俗以及作为一个社会成员的个人通过学习获得的任何其他的能力和习惯。"此后，西方学者纷纷效仿，至1951年对文化已有164种定义。20世纪50年代以来，世界各国兴起文化热，学者们对文化的定义越来越多，目前已有500多种。

我国对文化学的研究起步较晚。洋务运动和戊戌变法前后，面对西学的文化冲击，以张之洞、梁启超为代表的一些有识之士曾对传统文化进行了一定的反思，但他们徘徊于中西之间，始终不能挣脱"体""用"之羁绊。五四运动时期，对文化问题的讨论也曾热烈一时。20世纪80年代以来，我国"文化热"现象经久不衰，对文化的研究更趋于理性，但对文化定义的争论则更加激烈。迄今为止，还没有一个为大家一致接受、没有争议的确切定义。相对来说，1979年以来每十年修订一次的《辞海》对"文化"概念的解释具有一定的代表性："文化，从广义来说，指人类社会历史实践过程中所创造的物质财富和精神财富的总和；从狭义来说，指社会的意识形态，以及与之相适应的制度和组织机构。"

我们认为，文化是人类有意识地作用于自然、社会和自身的一切活动及其结果。

（三）文化与文明

与文化相关的一个词是"文明"。中国古代典籍中，文明的出现要早于文化。《尚书》《周易》中都出现过"文明"一词。其含义是文德、光明、文采，与"文化"的意思相近。《尚书·舜典》赞美虞舜"濬哲文明"，孔颖达解释曰："经纬天地曰文，照临四方曰明。"《周易·乾卦》曰："见龙在田，天下文明。"孔颖达解释曰："天下文明者，阳气在田，始生万物，故天下有文章而光明也。"英文中"文明"写作civilization，有文雅之意。现代汉语中的文明也是近代西学东渐的产物，具体说是在一定社会生产力发展水平上，以个体家庭、私有制和国家的产生为标志的。文化是人类创造的所有物质财富和精神财富的总和，文明则是这两种成果达到一定发展水平的产物。

二、文化的构成与分类

文化是一个大概念，由于其内涵的广泛性而决定了其外延的宽泛性，文化研究者往往根据各自不同的视角，对文化做不同的分类。例如：从时间上，可分为古代文化、近代文化、现代文化、当代文化；从地域差别上，可分为东方文化、西方文化；从地理环境上，可分为大陆文化、海洋文化；从社会作用上，可分为主流文化、亚文化（次文化、副文化）；从形态上，可分为物质文化、制度文化、行为文化、精神文化；等等。

既然文化是人类有意识地作用于自然、社会和人类自身的一切活动及其结果，那么，从人类活动蕴含的三种关系——人与自然的物质变量关系、人与社会的行为转化关系、人与自身的自我意识关系的角度观察和分析文化的构成是最恰当不过的。概言之，文化由处于文化结构表层的物质文化、处于文化结构中层的制度文化和行为文化、处于文化结构深层的精神文化构成。

（一）物质文化

物质文化又称物态文化，是人类所从事的物质生产活动及其结果的总和，是构成整个文化的基础，是文化中最活跃的因素。

物质文化以满足人类自身生存发展所必需的衣食住行等各种条件为目标，直接反映人与自然的关系，反映人类对自然的认识、利用和改造的程度和结果。一定的社会生产力发展水平即劳动者的工艺技术与劳动工具的结合程度，对物质文化的风貌具有制约和决定性作用。人类在漫长的发展过程中，一直在利用周围的自然环境来为自己的生存服务，并逐渐丰富和改变着自身的物质文化，创造了无数灿烂的物质文化产品。为了维持生存，原始人使用粗糙简陋的石器获取食物，穿的是树叶和兽皮，住的是树洞、山洞或窝棚，行走靠徒步。进入奴隶社会和封建社会以后，随着劳动工具和工艺技术的不断发展及进步，人类的物质文化随之不断发生变化，穿着逐渐变得美丽、讲究，形成了内容丰富的服饰文化；食物逐渐丰富多样，形成了风格各异的饮食文化；居住逐渐舒适、美观，形成了绚丽多彩的建筑文化；行走逐渐方便快捷，形成了匠心独运的车船文化。这些都是以物质生产的发展和物质文化的创造为必要前提的。

物质文化中不仅积淀着制度文化的因素，同时也凝聚着精神文化的内涵。在传统农业宗法社会里，人们根据不同的年龄、职业、辈分等，对每一类人的衣食住行做出明确规定。单就服饰而言，封建时代不同品级的官员在服饰的颜色、形制、质地、图案等方面都有显著的差别。《唐会要》中对唐朝官员的服饰记载："三品以上服紫，四品、五品以上服绯，六品、七品以绿，八品、九品以青。"而这又是传统精神文化中等级观念的体现。

（二）制度文化

制度文化是人类在社会实践过程中所建立的各种行为规范、准则的总和，包括婚姻、家庭、政治、经济、宗教等制度。

人们在参与社会活动的过程中，为了调节人与人之间的各种关系，逐渐形成了一系列要求所有社会成员共同遵守的办事规程或行为准则，这就是制度。各种制度都是人的主观意识在总结社会实践的基础上的加工创造，而制度一旦制定，便具有客观性、约束性，制约着人们的行为乃至思想。因此，制度文化是文化系统中最具权威的因素，它往往规定着文化的整体性质。

制度文化建立在物质文化的基础上，具有鲜明的时代性，同时又带有精神文化的深刻烙印。儒家思想曾是在中国古代两千多年封建社会中占统治地位的正统思想，也是中国古代的主流意识，它对中国文化和社会发展产生了重大影响。

（三）行为文化

行为文化是人类在长期的社会实践和复杂的人际交往中约定俗成的习惯性定式，是以民风和民俗形态出现的，见之于日常生活中的具有鲜明民族性和时代性的行为模式。

行为文化直接反映着制度文化的时代内涵，同时又受到精神文化的深层约束和影响。一般来说，人的行为除了受各种有形的、物质的、他律的、带有强制性或暴力特点的规范（制度）约束外，还要受来自各种无形的、非物质性的、自律的和不带任何强制性的内在良知（精神）的制约，包括道德观念、价值观念、审美观念等。这两方面的影响有时是统一的，有时是矛盾的。比如在封建社会，一方面法律规定"杀人偿命"，另一方面道德又要求"朋友有义""仗义行侠"；再比如自古至今并没有规定数年不回乡省亲违法，但受"父母在，不远游"和"团圆"等观念的影响，即便是由于工作等原因数年不回家探亲的人也会时常感到歉疚。行为文化深受传统观念的影响，但又不是一成不变的，随着物质文化的发展进步和外来文化的影响，特别是精神文化的更新转变，行为文化也会随之发展变化，表现出显著的时代性。

（四）精神文化

精神文化又称心态文化，是人类在长期的社会实践和意识活动中孕育升华出来的价值观念、道德情操、审美情趣、思维方式、宗教情感、民族性格等的总和，是文化整体的核心部分。

精神文化分为社会心理和社会意识形态两个层次。社会心理是指尚未加工整理的大众心理，如人们日常生活的一般愿望、风尚、情趣等，它不仅受物质文化、制度文化的影响和制约，而且同行为文化互相联系、互相作用、互相融合；社会意识形态则是经过系统加工整理的社会心理，是经过归纳、整理和定性了的信仰、观念、思想等，它曲折而深刻地反映着社会存在，同时又以物化的形态表现出来，如文学、艺术、宗教、哲学等。

精神文化同样具有较强的时代特点和民族特点。就文学、艺术而言，人们在特定时代的愿望、要求、情趣必然通过当时的作品表现出来，其思想内容、艺术风格必然是对那个时代精神文化的反映。而文化是一个民族的精神和灵魂，一个民族的传统文化的特点是相对的稳定性和鲜明的民族性。

综上所述，物质文化、制度文化、行为文化、精神文化虽属文化构成的不同层次，但同是一个有机的整体，相互间既有区别又有联系，相互依存、相互渗透、相互制约、相互推动。

三、文化的特征与功能

（一）文化的特征
从一般意义上说，文化具有以下五个特征：
1. 时代性

人类的一切活动，都是在特定的历史条件下进行的。文化是特定时代的产物，是一个历史概念，不同的社会发展阶段必然有不同的时代文化。因此，文化的第一特征是时代性。

每一代人都生活在一个特定的历史文化环境中，他们很自然地从上一代那里继承传统文化，并根据时代需要对其进行利用和改造，以使其适应新的时代需要。从这个意义上讲，文化的时代性包含两个方面的内容：传承性和变异性。正是通过世代传承积累，人类文化才会日益丰富；正是通过不断变异更新，人类文化才会不断进步。从石器时代、青铜器时代、铁器时代、蒸汽时代到现在的信息时代，都是生产力发展和文化变异的结果。文化变异是文化人类学的主要研究课题之一，是人类文化的永恒特质。文化的变异与外来文化的刺激有关，但主要的推动力来自文化结构内部的矛盾运动。新的发现和发明是文化变异的源泉，新的观念是推动文化变异的巨大动力。当然，社会革命也是文化变异的有力推动因素。

2. 地域性

人类活动必须借助一定的空间条件才能进行，不同地域的自然条件、历史传统和人的思维方式各不相同，自然就会产生不同的文化。因此，文化的第二特征是地域性。

差异是自然界和人类社会的普遍规律。就世界而言，东、西方文化迥异；就亚洲而言，大陆文化、高原文化、草原文化、沙漠文化各具特色；就中国而言，中原文化、关中文化、齐鲁文化、巴蜀文化、荆楚文化、吴越文化、岭南文化千差万别。这些都是因特定的地域条件而产生的差别。

3. 民族性

民族是人们在历史上形成的一个有共同语言、共同地域、共同经济生活以及表现于共同文化基础上的共同心理素质的稳定的共同体。人与动物的显著区别在于人类的社会性，人类活动总是带有社会集团性质。当不同的社会集团分化整合的时候，反映这种以社会集团利益为活动目的的社会文化，便自然地带有民族文化的特征。

值得注意的是，文化的地域性与文化的民族性是紧密相连的，因为一般民族总是带有地域性的社会共同体，民族文化在某种程度上也反映出地域文化的内容。

4. 阶级性

当社会集团内部分化为不同的阶级时，文化不可避免地被打上阶级的烙印，自然具有了阶级性。占统治地位的阶级总是将有利于自己阶级的思想观念和行为规范通过各种手段向各民族文化中渗透，而被压迫阶级的抗争也必然会在文化中反映出来。因此，我们通常所说的民族文化，实际上是具有不同阶级倾向的文化成分的对立统一。应该强调的是，不是所有文化都有阶级性，有些文化领域是全人类共享的，如语言、科技等；有些文化领域在阶级出现以前就已存在，阶级出现以后才被打上阶级的烙印，如艺术、宗教、道德、习俗等；有些文化领域则完全产生于阶级出现以后，阶级性的特点显著，如法律、制度等。

5. 同一性

文化的同一性包含两个层面：超自然性与超个体性。

文化，必须是人化，即有人的活动痕迹，是与"自然"相对而言的概念。大自然给人类提供了生存环境，人类一刻也离不开自然界，但纯粹的自然物和自然现象不属于文化，把自然改造成物质或精神产品，打上人类心智的印记的，才是文化。日月星辰、风云雷电、山川河流、花草树木等本来不属于文化范畴，但面对日月星辰的运转、风云雷电的变幻，人们一方面感到惊恐，另一方面又产生了了解它们的愿望，于是在想象中把它们人格化，创造出有关日月星辰、风云雷电的神话，则是文化了。山川河流、花草树木等本来也不属于文化，但人们在一些高山峻岭上刻字作词，建寺造观，甚至美其名曰"神女峰""仙人洞"，编写出一些流传千古的神话故事，也就成为文化了。

文化是靠社会群体传承、积累和延续的，人类活动总是带有社会性。文化的超个体性是指：文化是为人类社会成员所共同接受、共同拥有的，不为社会成员所共同接受和理解的事物不属于文化。任何人都无法摆脱自身所处文化的直接性或间接性的制约，即便是生存最基本的饮食也不例外，吃什么，禁忌什么，用什么方式（手、刀叉、筷子），都与饮食文化有关。甚至人们日常生活中常见的打喷嚏也隐含着一定的社会习俗，具有一定的文化内涵。国学大师季羡林在《说

"嚏喷"》一文中说:"在中国民间,小孩子一打嚏喷,有点古风的大人往往说:'长命百岁!'我原以为,这不过是中国一个地方,甚至只是中国北方的风俗。后来到了德国,在那里,大人或者小孩一打嚏喷,旁边的人就连忙说:'Gesundheit(健康)!'"把打喷嚏和健康长寿联系起来,"这种风俗不但纵横数万里,而且上下几千年,真不能不令人惊异了。"

(二) 文化的功能

文化作为一个复杂的聚合体和一种不断传承变化的社会现象,在满足人类生存需要和社会发展的过程中,发挥着自己独特的重要功能。

1. 满足人类需要

人类有多种需要,首先是饮食、性等生理的需要;其次是安全的需要、归属的需要、尊重的需要;最高的需要是自我实现,包括个人理想的实现、能力与才能的充分发挥等。人类这些需要无不与文化息息相关,即使是最基本的生理需要,随着社会的进步,也日益获得了文化的内涵。饮食以解饥渴,异性结合以繁衍后代,看起来似乎只是建立在生物本能基础上的纯生理需要,但实际上,自从人类脱离动物界以后,在"饮食""男女"方面就实现了文化转变。中国的饮食文化不仅注重"色""香""味",还强调"美",将菜肴制作成花鸟鱼虫等艺术品,不但满足了人们的精神需要,还获得了美的视觉享受。酒、茶最初也只是简单地满足人的生理需要,但随着酒文化、茶文化内涵的不断丰富,原来单纯的物质文化中就蕴含了浓厚的精神文化。男女结合更是远远超出了生物本能的需要,从彼此相爱、缔结婚姻、建立家庭到生儿育女,不仅在此基础上形成了亲属网络,影响社会结构,而且婚姻的美满与否,还给人们的精神生活以深刻影响,并成为文学作品中永恒的主题。这就是文化人类学家所说的"生物需要的社会转化"。随着衣食住行等基本生活问题的解决,中国人必然对旅游娱乐文化、教育科技文化以及个人理想的实现给予更多的关注。

2. 提高人类认知水平

文化是人类在一定历史阶段征服自然、改造世界的过程中创造并积累的成果的总和。通过文化的积累延续,人类得以将有关知识一代一代传递下去,并不断加以充实。如今借助文化的积累,人类在改造地球的基础上,又开始了对太空的探索。科技文化的发展,必将把人类送到更遥远的太空。先秦思想家荀子在《天论》中写道:"大天而思之,孰与物畜而制之?从天而颂之,孰与制天命而用之?"主张以人力利用自然。他还在《劝学》中指出了学习前人知识技能的重要性:"学不可以已……登高而招,臂非加长也,而见者远;顺风而呼,声非加疾也，而闻者彰。假舆马者，非利足也，而致千里；假舟楫者，非能水也，而绝江河。君子生非异也，善假于物也。"由此可见，人类知识技能和道德伦理的继承传递，都必须借助教育手段。教育的过程实际上就是引导人们认知的过程。否则，上一代的文化遗产就无法继承，更谈不上发展提高。但这里所说的教育不仅仅是学校教育，更是广义的教育，是社会的文化熏染，是以文化为内容的所有教化。

3. 制定规则规范

在社会群体中，为了共同生存与发展的需要，其成员在社会实践中形成某些共识或价值观，并共同遵守某些行为准则和道德标准，这就是社会规范。社会规范是文化的重要组成部分，它通过规章制度、社会舆论表现出来，并渗透在大众的风俗习惯、情感倾向和理想信念中，是人们辨别是非、善恶、美丑的标准，规范着人们的思想行为，是社会在一定秩序中得以存在和发展的重要前提。

人类的行为，几乎都要受社会规范的制约，没有绝对的自由。规范有时是强制性的，所谓"国有国法，家有家规"，违反规范就要受到制裁或惩罚；有时又是自觉和习惯性的，是约定俗成的惯性行为定式。在不同的时空背景下，人类的社会文化规范有着千差万别。中国古代，占统治地位的价值观是"重义轻利"，所谓"君子喻于义，小人喻于利"。这里的"义"，首先是"三纲五常""三从四德"等封建道德标准。现在，我国正处在社会主义初级阶段，一贯倡导的是"我为人人，人人为我"以及个人、集体、国家三者利益的辩证统一，这是平等、团结、友爱、互助的和谐人际关系形成和经济、社会等各项事业不断前进的有力推动因素。

4. 增强民族凝聚力

文化是社会群体特别是民族之间相互区分的重要标志。人类在原始部落时期就出现了文化差异。民族出现以后，文化差异更为明显，于是人们把表现于共同文化上的共同语言、共同习性、共同心理素质等作为区别于其他民族的标志。文化所表现出来的民族特征，比人类皮肤的颜色或其他生理现象更有意义、更为深刻。共同文化是民族成员紧密团结的基础，产生出一种巨大的凝聚力。就中华民族而言，其凝聚力的核心，既不是经济利益的聚合力，也不是单纯的种族血缘认同，而是长期历史积淀下来的对民族文化的认同感，即文化凝聚力。具体表现为：万物一体、天人合一、恋土归根、天下大同的价值取向，使海内外中华儿女产生了很强的归属感和认同感；自强不息、厚德载物、和衷共济、贵和尚中的处世精神，为民族凝聚力的形成提供了强大的动力。

第二节 传统文化概述

一、传统文化的界定与定义

（一）中国文化

中国文化是与外国文化相对的概念，是指中华民族及其祖先在自己脚下这块土地上创造出来并传播到世界各地的文化的总和。

中国文化是一个历史的、动态发展的概念。最初，"中国"并不具有国家实体的含义，只是一个地域概念。"中国"一词，最早出现于西周铜器铭文上。中国的"国"字是个象形字，本义是城邑，"中"是中心。父系氏族公社以后，由氏族部落联盟首领演变而来的国君，普遍采用筑城而居的方式，统治本城邑及其周围地区（"野"）。由于居住在黄河中游一带的夏人处在地域的中心，故最早的"中国"指夏人所居之城，即以洛邑为中心的地区。夏人也就是中国人，《说文解字》："夏，中国之人也。"随着华夏族及后来汉族活动范围的扩大，"中国"一词包含的范围也在扩大。商人灭夏，周人灭商，中国版图已不仅限于黄河中游，黄河下游、江汉流域、今华北大部都被纳入了"中国"，由此出现了"中国"一词的其他说法，如"九州""华夏""中华"等。中国之外则被称为"四夷""四方""四国"。然而，"中国"一词虽被历朝沿用，却没有一个朝代以"中国"为国名。明清之际，西方传教士习惯称明朝、清朝为"中华帝国"，简称"中国"，从此，"中国"才作为主权国家的专称。清康熙二十八年（1689），清廷与沙俄签订《尼布楚条约》，清朝首席谈判代表索额图的全衔是"中国大圣皇帝钦差、分界大臣、议政大臣、领侍卫内大臣"。鸦片战争以后，西方文化大量涌入中国，"中学"（中国文化）才成为一个与"西学"（西方文化）对比并具有实际意义的概念。

中国有五十六个民族，中华民族是五十六个民族的共同体。各民族创造了若干既有联系又有区别的区域文化，这些不同类型的区域文化，都是中国文化的重要组成部分。它们在长期的历史发展过程中，经过多次复杂的撞击、裂变、吸纳、整合，相互影响，相互促进，共同凝聚成多元一体的中华文化。正是这种多元一体的建构格局，才使中国文化具有异乎寻常的凝聚力。数千年来，尽管国都频移，危机迭现，但传统文化却一脉相承、延绵不断，表现出一种经久不衰的强大生命力。

（二）传统文化

所谓传统，就是世代相传且具有根本性的事物、行为、制度、信念的总和。"传"本义是"驿"，古代国家政令等重要信息的传递主要依靠驿站，依靠在驿站不停地更换车马才能送达。韩愈《师说》中有："师者，所以传道受业解惑也。"则引申为传授、延续、继承、相传等。"统"本义是蚕茧的头绪，段玉裁《说文解字注》中说："众丝皆得其首，是为统。"后引申为纲要、根本、世代相承和彼此联系的事物。《孟子·梁惠王下》中有："君子创业垂统，为可继也。"传统作为单一概念是汉代以后出现的，它正是取了"传"的相传、继续和"统"的根本之意。传统是过去的，不管人们愿不愿意，就摆在人们面前，人们不得不接受。但传统又是可转变的，在作为主体的人面前，它又是被动的，可更新的。

所谓传统文化，是指在长期的历史发展过程中形成和发展起来的，保留在每个民族中具有稳定形态的文化。它是一个民族的历史遗产在现实生活中的展现，有着特定的内涵和占主导地位的基本精神。它负载着一个民族的价值取向，影响着一个民族的行为方式和生活方式，体现着一个民族认同的凝聚力。

所谓中国传统文化，是指在长期的历史发展过程中形成和发展起来的，保留在中华民族的思想中，具有稳定形态的中国文化，包括思想观念、思维方式、价值取向、道德情操、礼仪制度、风俗习惯、行为方式、生活方式、宗教信仰、文学艺术、教育科技、文物典籍等。它是中华民族团结奋进、继往开来，实现共同富裕、开创美好明天的基础。

传统文化在漫长的历史发展进程中综汇百家优长，兼集八方智慧，得到了充分发展，制约和影响着人们的思想和行为，并且是我们创造社会主义新文化的依据，是让中国文化重新走向世界的基础。

二、传统文化的环境与条件

（一）传统文化的地理环境及其影响

任何文化的生成与发展，总是在一定的地理环境下实现的，不同的地理环境是不同文化类型出现和不同文化特征形成的物质基础。

中国地处亚洲东部、太平洋西岸，除东南及东部面向海洋外，东北、北部、西北、西部、西南皆与欧亚大陆连接，但被河流、沙漠或高原、峻岭阻隔，形成了一个相对封闭的地理单元。因此，四周都有天然阻隔、相对封闭便成为中国地理的第一大特点。具体来说，中国西部有帕米尔高原的一部分，它向四方伸延出几条大山脉，把亚洲分为东亚、西亚、南亚和北亚。这里高山险峻，山路崎岖，虽然汉代已开通了丝绸之路，然而这干寒荒凉之地，在古代却是难以逾越的；中国西南有世界上最高的山脉——喜马拉雅山，它是中国与南亚的天然分界，难以逾越。另外，西南的横断山脉及江河、热带丛林也是中国与南亚、东南亚的天然阻隔。中国北部是广阔无垠的草原和沙漠，地势起伏不大，然而中国古代，从贝加尔湖到外兴安岭一线，南、北居民因严寒等原因又交往甚少，形成了一个人文空白带；中国东部及东南是广阔的海岸线，唐宋以来，海上交通日渐发达，明代还有过郑和下西洋的壮举，然而，重农轻商、安土重迁的历史传统使我国海洋国土观念淡薄，对海洋问题长期缺乏足够的重视。中国地理的第二大特点是地势西高东低，自西向东呈现出三大阶梯式的地形地貌。中国地理的第三大特点是季风气候显著，各地干湿冷暖差别很大。中国自然地理环境对传统文化的影响是多方面的，主要表现在以下两个方面：

一是文化的多样性与多元一体的格局。中国自然地理的特点是东部低平而湿润，西部高峻而凉干，由此，中国古代就形成了东南、中原地区以农耕为主，而西北地区以畜牧为主的人文生产景观。这与欧洲农牧相结合、亦农亦牧的情况有很大不同。同时，从南到北温度和干湿度的变化，决定了秦岭—淮河以南的中国南方产业结构以稻作农业为主，秦岭—淮河以北至长城的中国北方以粟作农业为主，而长城以北则以游牧业为主。这些区域差别，在客观上构成了中国多民族共居、多种经济成分共立、多种文化类型并存的自然物质基础。

二是由于中国四周的天然阻隔和相对封闭的自然地理特点，中国古代一直缺乏对外开放、向外进取的条件和动力，封闭性大于开放性。相对优越的地理环境，加上中华先民的勤劳智慧，使古代中国在西方近代文明兴起之前，长期成为东方乃至整个世界最富足、最强大的国度，因而产生了"中华帝国，无求于人"的自我陶醉、自我封闭的观念。一面临海、三面环山的地理环境，使中国成为一个相对封闭的地理单元，因而中国古人便设想自己生活在"四海"之内、"天下"之中，而由中到外的顺序是京师、诸夏、四夷，中国作为世界的中心，可以通过由华变夷、由夷变夏的过程，将四夷纳入中华母体之中。这种构想，产生了两方面的影响，正面的影响是增强了中华文化的向心力，使中国长期维持了大一统局面并获得了不断的发展和壮大；负面的影响是自我陶醉、自我封闭观念的蔓延，以至于中国在很长一段时间实行"闭关锁国"的政策。

（二）传统文化的经济基础

中国传统的经济形态是农耕经济，农业给古老的中华民族提供了基本的衣食之源，创造了相应的文化环境，规定了特定的政治道路，同时还影响了中国传统的畜牧业、手工业和商业的发展。因此我们说，农业是传统文化最深厚的经济基础。

我国是世界上最早经营农业的国度之一，同时也是世界上出现的少数几个农业文明中心之一。关于我国农业的起源，史籍中有许多说法，有的说是神农氏发明了农业，有的说是炎帝之子柱，有的说是周人始祖弃，而司马迁则说农业为黄帝所发明。目前考古证明，农业至少在一万年前新石器时代便已存在。大致说来，黄河中下游一带的远古居民是粟、黍等旱地农作物的最早种植者，而长江中下游一带的远古居民是稻这种水田作物的最早种植者。

在四五千年之前，中国北部的气候发生了由温暖向凉干的转变。受此影响，长城以北地区的农业人口纷纷向黄河中下游一带汇聚，这就导致了长城以北地区的产业结构由原来以农耕为主向以游牧为主转变，并由此形成了我国历史上长城以南的农耕经济和长城以北、以西的游牧经济的分野。

中国古代的农业生产取得了辉煌灿烂的成就，在数千年的历史进程中，一直保持着世界领先的地位。经过夏、商、周三代的经验积累，中国农业生产在春秋战国时期实现了一次较大的飞跃，主要表现在铁制农具的广泛使用、牛耕的推广、水利灌溉工程的大量兴修、耕地的大量垦辟和小农经济的出现等方面。秦汉时期，耧车、代田法的出现及以铁犁为代表的生产工具的改进，大大提高了生产效率和生产效益，促使农耕区向西北方向扩展，江淮之间、关中也出现了大大小小的灌溉区。魏晋南北朝时期，由于北方战乱，大批人口南迁，南方农业水平迅速提升，长江以南、五岭以北的广大地区及巴蜀一带逐渐成为我国重要的农业区。隋唐时期，小农经济重心开始移向长江流域，长江中下游地区成为中央政府的主要财政来源地，所谓"天下以江淮为国命"。宋元明清各代，中国的农耕和养蚕重心在南方。南方的粮草通过大运河源源不断地运往北方。唐宋以来，以筒车、曲辕犁、梯田、施肥、套种、育种、园艺、农书等为代表的工具、工艺或技术远超过世界各国，棉花、花生、玉米、番薯等经济作物和高产作物不断地从世界各地引进。清末，中国人口已达4亿。正是古代辉煌的农业文明，才支撑了中国这一庞大的人口基数。

综观中国古代农业生产，可以看到如下特点：一是成就突出，起步早，水平高，发展稳定且从未中断；二是一家一户、分散经营的小农经济是中国古代农业生产的主要形式；三是精耕细作，农桑结合，粮棉结合，集约化程度高。

（三）传统文化的创造主体

传统文化的创造主体是所有中华儿女。目前，中国考古学的成果已能粗略勾勒出我国远古人类进化的轮廓：猿人，又称直立人，在我国发现的有元谋人、蓝田人、北京人等，距今170万年至10万年；古人，又称早期智人，在我国发现的有马坝人、长阳人、丁村人等，距今10万年至4万年；新人，又称晚期智人，在我国发现的有山顶洞人、河套人、柳江人等，距今4万年至1万年……他们是中华大地上最早的居民，传统文化正是从这些来自远古洪荒时代的人类开始的。

进入新石器时代以后，农业、畜牧业、制陶、纺织等生产活动相继出现，我国境内的人类活动更加频繁，迄今为止，已发现了7000余处遗址。其中，以黄河中下游地区的仰韶文化、龙山文化发展系统最具代表性，这便是后来华夏民族的前身。它包括三大族团：西北的华夏族，包括黄帝、炎帝、祝融等族；东方的东夷族，包括大昊、少昊、蚩尤等族；南方的苗蛮族，包括三苗、伏羲、女娲等族。按照先秦文献的记载，距今五千年左右，黄帝、炎帝联合，在涿鹿打败了蚩尤，不久，黄帝又在阪泉打败了炎帝，成为黄河中下游地区的部落联盟首领。黄帝以后，尧、舜相继以禅让的方式担任联盟首领。禹死后，其子启袭位，从此禅让制被王位世袭制代替。

夏朝是我国第一个奴隶制政权，其民众称"夏人"，即"中国之人也"，因其崇拜玫瑰花，又称"华人"。商灭夏、周灭商，只是政权的更迭和统治区域的扩大，前代的文化并没有灭绝，而是被保留下来，故而两周时期出于对三代文化的认同，接受分封的诸侯国仍以"华夏"自称，而分封区以外的地带则被称为"四方"或"四夷"。春秋战国时期，虽然争霸兼并战争持续不断，但华夏文化已成为各国民众普遍认同的文化主体。

秦汉之际，华夏族在同周边民族的冲突与交往中逐渐有了"汉族"之称。秦汉虽然实现了统一，但统一的只是农耕区域。与此同时，长城以北的匈奴也东并东胡，西逐月氏，建立了东起大兴安岭、西达阿尔泰山、北越贝加尔湖的统一的多民族的游牧汗国，所谓"南有大汉，北有强胡"，中国历史由此出现了中原农耕王朝与北方游牧汗国并存对峙的局面。汉武帝时，对匈奴由守转攻，并控制了草原南部及西域地区，匈奴分裂为南北两部。魏晋南北朝时期，北方"五胡"（匈奴、鲜卑、羯、氐、羌）乘中原混乱之际纷纷内迁并建立政权。虽然这些政权都有一定的民族特色，但它们对中原汉文化都一致认同，于是继春秋战国之后，中国历史出现了第二次民族大融合，中华民族空前强大起来。隋唐时期，在中原文明的强大吸引下，周边各族纷纷臣服，雄才大略的唐太宗被拥戴为"天可汗"，而唐朝又通过周边各族的推动，把辉煌灿烂的大唐文化传播到亚洲各地，长安成为当时世界的中心。五代宋辽夏金时期，虽然南北对立分裂，但少数民族政权无一例外地都以中华传统礼制作为治国方略，长城已不再是游牧民族和农耕民族的界限。元明清时期，中华各民族在中央政权的推动下，民族杂居、民族融合的趋势继续发展，中华民族在深层上实现了南北合一、天下一统。近代以来，随着同西方列强的抗争，中华民族作为统一的民族整体日渐巩固。

综观中华民族的发展历程可以看出，秦汉以后，长城不仅是农耕民族和游牧民族长期对垒的界标，同时又是两者之间通过战争、迁徙、和亲、互市等形式实现经济互补和文化融合的纽带。一方面，北方民族的周期性南下，虽然破坏了中原农耕文化，但随之而来的还有北方民族充满活力的刚劲气质，这是对稳健儒雅的中原农耕文化的补充；另一方面，北方游牧民族数次入主中原，也极大地壮大了汉民族实体和传统文化的创造主体。

（四）传统文化的社会政治环境

传统文化的社会政治环境主要体现在以下两个方面：宗法制度的长盛不衰和君主专制制度的高度发达。

所谓宗法，就是以血缘关系为基础，在尊祖敬宗的前提下，区分尊卑长幼，规定继承秩序，确定宗族成员权利和义务的法则。宗法制起源于父系氏族公社的家长制。父系氏族公社后期，父系家长支配着家族内部的所有财产及成员，具有很高的权威。他死后，其权力和财产需要有人继承，于是习惯上便规定了一定的继承秩序，一代一代的父系家长生前的权威在其死后仍然使人敬畏，子孙们幻想得到他们亡灵的庇护，从而产生了对男性祖先的崇拜以及相应的祭祀仪式。

进入阶级社会以后，宗法制逐渐形成。夏启时"家天下"的局面已经形成，"大人世及以为礼"，王位世袭成为制度。商代，宗法制进一步发展起来，商王及各级奴隶主继承实行"父死子继"和"兄终弟及"制度。家族长称为"子"，在家族中享有至高无上的地位，正妻之外还有众多的妾，于是嫡庶之制便应运而生了，只有正妻所生的嫡长子才能继承"子"统。西周时期，宗法制趋于严格。在严格区分嫡庶，确立嫡长子优先继承权的前提下，又增加了庶子继承的原则，这就是"立嫡以长不以贤，立子以贵不以长"。宗子享有许多特权，如主持祭祀，掌管本族财产，决定本族成员的婚丧事务，教导或惩罚本族成员等。两周的宗法制与等级制、分封制、世卿世禄制互为表里，政治功能十分显著。周王称天子，为天下大宗，王位由嫡长子继承，其他儿子被分封为诸侯；诸侯对天子而言是小宗，但在其封国内又是大宗，其封号由嫡长子继承，其他儿子被分封为卿大夫；卿大夫对诸侯而言是小宗，但在其封国内又是大宗，其封号由嫡长子继承，其他儿子被分封为士。这就形成了层层相属、代代相袭的政治权力结构。在一定意义上讲，西周的各级行政机构扩大了宗法系统。所谓"天子建国，诸侯立家，卿置侧室，大夫有贰室，士有隶子弟，庶人工商各有分亲，皆有等衰，是以民服事其上而下无觊觎"。

春秋争霸，周天子地位旁落，宗法制开始动摇。战国变法，限制贵族特权，宗法制受到致命打击。原来在宗族中居于被支配地位的一些成员，由于军功、力田、经商等原因而上升为显贵或豪富，于是他们不再愿意受共居共财原则的束缚，也不再愿意继续尊奉并受制于名义上的宗子，这样，宗法制便瓦解了。

秦汉以后，严格意义上的宗法制已不复存在，但它的基本精神却以另外的形式顽固地存在于整个中国封建社会，这就是家族制度（或者叫宗族制度）。

中国古代社会政治结构的另一显著特点是存在着一个延续了两千多年且不断得到强化的君主专制的官僚政治体制。

秦始皇扫平六国、统一全国后，建立了一个皇帝独裁、专制主义的中央集权的封建政治制度。它规定：皇帝自称"朕"，命为"制"，令为"诏"，印称"玺"，"天下之事无大小，皆决于上"。为保证这种至高无上的权力，中央实行三公九卿制，官员一律由皇帝任免。三公是指丞相（掌政务）、太尉（掌军政）、御史大夫（掌监察），九卿是指奉常（掌宗庙礼仪、占卜祭祀）、郎中令（掌侍卫传诏）、卫尉（掌宫门守卫）、太仆（掌车马）、廷尉（掌刑狱司法）、典客（掌外交）、宗正（掌皇族事务）、治粟内史（掌财政）、少府（掌皇家财政之税）。汉承秦制又有所发展，武帝时常破格提拔一些人组成"内朝"，以压制以丞相为首的外朝。东汉以司马、司徒、司空为三公，然而"虽置三公，事归台阁"，尚书台拥有真正实权。曹魏时设中书省，掌机要，尚书台沦为执行机关。晋代设门下省，南朝时逐渐参与国政。隋唐实行三省六部制，三权分置，相互牵制。三省是中书省（制定政令）、门下省（审查封驳）、尚书省（贯彻执行），六部隶属尚书省，分别是吏（官吏任免）、户（财政税收）、礼（礼仪选举）、兵（军政）、刑（刑法）、工（工程匠作）。宋朝形式上沿用唐制，但实际上政事堂、枢密院对掌文武大政，另设三司掌财政。元朝废门下、尚书二省，以中书省、枢密院、御史台分掌行政、军事、监察大权。明初废中书省及丞相制，六部直接对皇帝负责，御史台改称都察院。明成祖以后，大学士逐渐参与机务，内阁产生。清朝沿用内阁制，设大学士、协办大学士，但实权却先后为议政王大臣会议和军机处所掌握。

在皇帝独裁、君主专制的政治环境中，臣民的自由被剥夺。皇帝的意志就是法律，这就形成了中国人迷信权力、服从权威的心理。但是，高度集中的君权对神权又起到了压制作用。而君权毕竟也是人权，也是可以变更的，所以，中国人民的反压迫斗争始终未曾间断。

第三节 学习传统文化的目的、意义和方法

一、学习传统文化的目的

传统文化是由我们的先辈创造、历代传承下来的丰厚遗产。作为先民的历史创造，传统文化曾长期处于世界的领先地位，对亚洲乃至世界文化的发展产生了深远的影响。近二百年来，中国人一直在思考，那令无数英雄竞折腰的灿烂文化为什么会时过境迁落后于人？怎样才能实现中华民族的伟大复兴，重振历史的辉煌？为了回答这些问题，中华民族以令人难以置信的坚韧，前仆后继，持续不断地探索，终于摸索出其中的道理：从根本上看，中国要屹立于世界民族的文化之林，除了具备先进的科学技术和先进的生产力之外，还必须具备先进的文化。而先进的文化必须立足于中国的国情，走建设中国特色新文化体系的道路。文化是一个生生不息的变化过程，任何一种民族文化，都有它发生、发展与不断更新的历史，都有它的昨天、今天和明天。为了明天，我们必须研究它的昨天和今天。这就要求我们不能再一味简单地"破"字当头，不能再对传统做全盘否定的判断。

我们要敢于正视自己的历史和传统，积极进行艰苦细致的建设，对世界先进文化的借鉴问题引起关注、引发思考，而这一切要建立在对传统文化的历史、特征有一个基本的了解和把握的基础上。所以，我们今天学习和研究传统文化，既不是因为对历史有特别的偏爱，更不是为了发思古之幽情，而是为了加强对中华民族在漫长的历史过程中所形成的民族精神、民族智慧的系统了解，接受一次传统爱国主义的洗礼，总结、考察、分析和批判地继承文化传统，以便更加清楚地认识我们今天所处的时代，鉴往而知来，温故而知新，做一个全面发展、素质优良、继往开来的中国公民。这就是我们学习和研究传统文化的目的。

二、学习传统文化的意义

在实施素质教育，在加快高等教育改革的背景下，从通识教育的角度看问题，概要掌握传统文化的发展脉络，可引发学生建设21世纪新的民族文化体系的思考与实践，主要具有如下现实意义。

（一）有助于了解历史，加深我们对民族的自我认识

人类各民族文化相互交流的深度和广度都在不断拓展。在现代科技的高度发展下，世界已然变成了一个"地球村"。在这样的时代大背景下，中华民族及其文化以怎样的姿态参与"地球村"的合作与竞争，是每一个中华儿女都应该思考的问题。切实把握一个民族的文化特征，较之把握诸如皮肤、头发、眼睛的颜色之类体质特征要困难得多。然而，任何民族，其文化形态尽管纷繁多彩，其民族文化的主色调、主旋律又都是可以寻觅和探求的。我们之所以能够从多民族中大致辨识各民族的特征，是因为每一个民族内部固然存在着繁杂的阶级、阶层、集团、党派及个人教养和性格的差别，但同时也存在着表现于共同文化特征基础之上的共同心理素质和文化心理结构，外在表现于一种我们称之为民族精神的东西。从学习概论入手，学习、研究传统文化，正是我们认识自己、理解文化传统、把握中华民族精神的可靠途径。

（二）有助于更加准确而深刻地认识我们当前的国情

新一代的中国人面临的历史使命是建设中国特色社会主义，具体来说就是建设具有中国特色的政治、经济与文化体系。要完成这一千秋伟业，前提是切实认清中国的国情。国情不是空洞物，其实质就是文化的历史及现状。近40年来，中国走过了艰难曲折的道路，取得了举世瞩目的成就。但是，我们的社会发展和文明进步的程度还远远不能满足人民的要求。数千年传统文化给我们留下了丰厚的遗产，同时也带来传承的重担，提升和完善现行文化的任务十分繁重。外来文化的积极因素，我们吸取得还不够充分，但其负面影响已引起我们的警惕和忧虑。深入剖析传统文化与外来文化对今日中国的影响，总结半个多世纪以来我们走过的道路，是认清国情的必要工作，而认识国情又是新文化建设的必然前提。

（三）有助于以理性态度和求实精神去继承传统，做好文化创新的知识准备

马克思说过："人们创造自己的历史，但是他们不是随心所欲地创造，并不是在他们自己选定的条件下创造，而是在自己直接碰到的既定的、从过去继承下来的条件下创造。"传统文化，就是我们"直接碰到的既定的、从过去继承下来的条件"，是影响中国人过去、现在和将来的传统。传统是社会的一种生存机制和创造机制。借助于它，历史才得以延续与发展，社会的精神成就和物质成就才得以保存和实现。正因为如此，文化传统并非仅仅存在于博物馆的陈列品和图书馆的线装书之间，它还活跃在现代和未来的生活实践当中，并在这种实践中不断改变自己。每一个想为民族的未来贡献心智和汗水的中国人，都应当熟悉传统、分析传统、理解传统、变革传统。而学习、研究传统文化课程，正是培育这

种理性态度和务实精神的最好课堂。同时，也有助于我们做好未来从事文化创新的有关知识准备。

三、学习传统文化的方法

传统文化源远流长，文化内涵博大精深。面对如此浩瀚的学习研究对象，掌握正确的学习方法、提高学习效率十分重要。在学习过程中，我们要注意掌握以下几种方法：

（一）历史梳理与逻辑分析相结合的方法

传统文化历经数千年演化，内容异常丰富。我们既要对它的来龙去脉有一个明晰的了解，又要避免被浩如烟海的史料湮没，只有将历史的方法与逻辑的方法有机地结合起来，才能收到事半功倍的学习效果。正如马克思所说："历史常常是跳跃式地和曲折地前进的，如果必须处处跟随着它，那就势必会注意许多无关紧要的材料，而且也会常常打断思想进程……因此，逻辑的研究方式是唯一适用的方式。但是，实际上这种方式无非是历史的研究方式，不过摆脱了历史的形式以及起扰乱作用的偶然性而已。"这段论述非常深刻，它启示我们在学习历史的时候，不要被现象迷惑，要透过现象看本质，注重一个个现象背后的规律性，注重历史演进、社会演进的本质性。要学会用逻辑的方法把握历史、概括历史、总结历史的规律。包括文化史，要理解它的发生、发展规律，思考继承与发展，即继往与开来、守陈与出新的关系。只有认识自己民族的历史，在批判的基础上继承和理解自己的文化传统，才能创造出新的自立于世界民族之林的新文化。

（二）典籍研习与社会考察相结合的方法

中国历来提倡"读万卷书，行万里路"的学习方法，这种方法是传统文化理论学习的基本方法。传统文化的精髓，多被记录在汗牛充栋的古籍之中。研读这些古籍，尤其是其中具有经典意义的文献，如《诗经》《周易》《论语》《史记》等，对于我们把握传统文化的精髓，无疑是非常重要的。但这只是问题的一方面，大家知道，文化可以按大文化和小文化来划分。小文化是记录历史、政治、经济和社会价值观一类内容的典籍文化，而大文化则表现为林林总总的现实社会生活的众生相。因此，从问题的另一方面来看，传统文化的众多要素，是以非文本的形式存留于社会生活之中，如众多的远古遗址、起居生活习俗、宗教礼仪、道德规范等。这就要求我们将研究视野扩大到文本之外的历史遗迹和社会生活的宽阔领域，将听课、阅读、讨论结合起来，将典籍研习与社会考察结合起来，相互比照、相互补充，从而对于生生不息的中国文化有一个动态的、全面的了解。这种了解是理解民族文化、创造具有民族特色的新文化、实现中华民族伟大复兴的重要基础工程。

（三）批判继承与开拓创新相结合的方法

有史以来，我们的先辈结合自己的文化实践，对于养育自己的中国文化，进行过详尽的研究和卓越的创造，取得了举世瞩目的伟大成就。它是人类智慧的结晶，我们没有理由拒绝这一珍贵遗产。对于其中已过时的部分，要有一种历史唯物主义态度。苛求前人、否定历史、怀疑一切的民族虚无主义态度是不可取的。同时，随着科学的进步和历史的发展，我们又不能被前辈的认识成就和思维定式束缚，阻滞经济和文化的发展，忽视科学的生命力。处在日新月异的新时代，社会对中国文化以及整个哲学界和社会科学界提出了新的课题和要求，我们必须自觉树立责任感和使命感，采取科学的观点和方法，扬弃结合，继承先贤取得的成就，吸收历史文化的合理内涵，继承历史的优良传统。同时，根据时代的要求，汲取古今中外优秀文化的营养，不断开拓创新，争取在中国文化研究领域内有所发现，有所创造，最终整合、创建一套符合新世纪发展需要的中国文化新体系。

第二章　中国优秀传统文化与人的发展

第一节　中国优秀传统文化的历史发展与价值趋向

一、中国优秀传统文化的产生与发展

我国传统文化从何时开始产生，史学界目前也没有明确的定论。《史记》中记载，我国文化"自黄帝始"，尽管在我国历史发展个别时期曾对这些典籍的记载全盘否定，但随着对古文献研究的深入和考古研究的发现，我国文化起源于比夏商周更远古的时代的说法是真实可信的。

我国传统文化发展的鼎盛时期是在战国时期，这一时期思想界的交叉和碰撞有其深刻的原因。从当时的社会背景来看，战国时期各国混战并不同程度地进行了一些政治改革，政治改革促进了社会发展进而引起了思想界的竞相争高。同时，当时政治环境复杂，知识分子大有用武之地，百家争鸣是各当权者竞相争权的武器，春秋战国时期，斗争不仅是物质的较量，同时也是智力和思想的较量。

古代社会的发展往往是在稳定的时候置知识于可有可无的地位，但在多元、动荡和竞争的时代，抛弃知识才智或许意味着自我毁灭。战国时期的百家争鸣是传统文化的积累和智慧的结晶，是民族文化从启蒙到走向成熟的标志，也是笔者论及优秀传统文化以春秋战国时期为起点的原因所在。

（一）中国优秀传统文化的思想汇聚

战国时期，由于各个阶级、阶层的政治倾向和思维方式的影响，思想家分为不同的流派，"家"即流派。早在战国初期就有了这种分类，《庄子·秋水》说公孙龙"困百家之知"，荀子称诸子为"百家之说"，至西汉，司马迁称诸子为"百家之术"。西汉时期司马谈作《论六家要旨》，将六家更为明确地划分为：阴阳、儒、墨、法、道德。班固在司马谈之上又细分为四家，即纵横、杂、农、小说。二者的分法为历代学者所接受并沿用至今。

我国优秀传统文化的思想主要有：以老子、庄子为主要代表的道家主张万物齐同、道法自然，提倡和谐；以墨子为代表的墨家主张兼爱、非攻、尚贤、

尚同等；以韩非子为主要代表的法家提倡绝对的君主专制思想，强调法的重要作用，主张依法治国；以邹衍为代表的阴阳家提倡阴阳五行学说，认为宇宙万物的起源都是由金木水火土这五种元素构成的，将五行之间相生相胜学说发展为五德，作为历代王朝兴衰成败的规律；以邓析、惠施、公孙龙为代表的名家，因将辩论名称概念和事实实在作为主要学术活动而被称为辩者，自成一家；以苏秦、张仪为代表的纵横家，主要从事政治和外交等活动；以吕不韦为代表的杂家，综合了儒家、墨家、法家等成为综合学派。

在众多思想流派之争中，儒家思想的影响力是最大的。孔子作为我国传统文化的集大成者，不仅承袭了周朝以前的传统文化，更开启了周以后以"仁"为核心的儒家文化，因而形成了以儒家倡导的仁爱、义礼、德治等思想为主流的思想文化。儒家文化凭借其强大的包容性和凝聚力，不仅将自己的思想发扬光大，同时还吸收了其他文化的思想，并经历代儒家思想继承人的整合与吸收，内化为自己的思想，儒家思想强大的教化功能使其成为历代统治者的政治思想工具，并成为社会的主流价值体系。

（二）以儒家为代表的优秀传统文化的内涵

优秀传统文化是我国传统文化的精华部分，而传统文化又是我国文化的一部分，因此有必要厘清文化、传统文化和优秀传统文化的概念，通过层层递进的关系明确到底什么是优秀传统文化。

首先，据相关文献记载统计，截至目前，对文化的定义有160多种。就字面而言，"文"通"纹"，即相互交错的纹理，是静态概念，如：文物典籍，礼乐制度。"化"则是动态范畴，指化育、生成、改造、变化等，并进一步引申为人的伦理德行的进化过程，也就是人的德行教化的过程。文化有"以文教化"的意思，较早见之于战国末期《易·贲卦·彖传》："刚柔交错，天文也。文明以止，人文也。关乎天文，以察时变；关乎人文，以化成天下。"今天我们所理解的文化是人类社会实践的产物，广义来讲，文化就是人类社会关系的总和，凡是人类有意识地作用于自然和社会的一切活动及其结果，都属于文化。而狭义的文化主要是指思想文化，思想文化是文化的本质和精髓。其次，传统文化，广义来讲，"是指历史上形成的一切，包括物质、制度和思想等层面。从狭义的范围讲，是指历史上形成的价值观念、思维方式、伦理规范、理想人格、审美情趣的总和"。再次，优秀传统文化是我国传统文化中起着积极进步作用，并至今存在合理价值的我国传统文化的精华所在，国内学界对于什么是优秀传统文化至今没有定论，但综合各学者的研究总结概括，笔者认为，优秀传统文化是指中国传统社会的文化，从内容构成上，优秀传统文化就是我国古代思想家提炼出来的优秀的、精练的，体现我国传统文化核心和精华所在的理论化和非理论化的，并且对古代社会乃至现代社会产生影响、具有稳定结构的、共同的民族精神、心理状态、思维方式和价值取向等精神成果的总和。其主要精神包括天人合一的中庸和谐精神、自强不息的拼搏进取精神、以人为本的人文大同精神。

儒家思想是我国优秀传统文化的重要组成部分，作为我国传统社会的主流意识形态，影响最为深远，因为儒家思想的触角涵盖了各个领域。首先以《荀子》为例，据相关记载，这本不到十万字的书涉及的方面非常广泛，涉及哲学领域的有《天论》《正名》《非相》《性恶》等；涉及政治学的有《君道》《富国》《王制》等；涉及经济学的有《富国》等；涉及教育学的有《劝学》《修身》等；涉及军事的有《议兵》等；此外还涉及伦理道德、自然科学、历史学等内容。从某种意义上讲，荀子可谓我国历史上将知识划分为不同学科的创始人之一。其次，孔子"有道"的理想政治和基本政治原则与当时历史发展进程相适应。例如以"礼义"为中心的政治思想，所有人都要按照礼的规定，各处其位，各行其是，贵贱有等，上下有序，"君君、臣臣、父父、子子"。以"仁爱"为"礼治"的手段而达到"和合"，即社会的和谐，有子曰："礼之用，和为贵。先王之道，斯为美。""仁"的中心是忠恕，即爱人。再次，孔子的主张与实际有机统一起来，为统治者的政治治理提供了回旋余地。

因此，以孔子为宗师的儒家学派凭借其包容性、多样性和适应性在战国时期及以后的封建社会统治中，发挥了重要的作用，其思想文化也成为我国优秀传统文化最重要的部分。

（三）儒家思想文化的发展历程

因为中国优秀传统文化从春秋战国时期说起，优秀传统文化以儒家文化为主，所以优秀传统文化的发展主要以儒家文化发展为主线。随着我国封建社会的变化与发展，儒家文化的发展主要分为三个历史时期，即先秦儒学萌芽时期、两汉儒学形成时期和宋明理学儒学鼎盛时期。

首先，先秦儒学萌芽时期。孔子是儒家学派的宗师，孔子崇尚周以来的传统文化，以六艺为法，崇尚礼义、仁和，主张以礼安国，以德治国，提出了以"仁"为核心的一整套思想体系，通过人伦秩序的仁爱，达到社会秩序的礼义，实现国家秩序的和合，从而形成德治的政治主张。孟子继承了孔子以"仁"为核心的思想体系，在孔子"仁"的思想观念基础上加以丰富和完善，发展为"仁政"思想，同时，孟子突出了"仁义礼智"与"人性善"相结合的思想。孔子"仁"的中心是忠恕、爱人，孟子的"仁"以孝和亲亲为根本。在政治主张上，孟子认为"孝"是政治之本，而在伦理观念和君臣关系上，孟子认为"义"是人的行为规范，因而孟子之"礼"是仁义的外在表现，从属于"义"。在君子和臣民关系上，孟子提出"民为贵，社稷次之，君为轻"。孟子在利益关系和得民之道上认为，予民以"利"，民才可"义"。孔子在政治和道德上认为两者是一体的，孟子则认为道德原则要高于政治，在孟子之后，荀子融儒家之礼和法家之法为一体，成为先秦儒家的代表人物。荀子认为礼是治国安民之本，同时主张行法，法要以礼为根据。在君臣关系上，荀子提出"好独"与"好同"、"妒贤"与"用贤"两大问题。在君民关系上，他强调了人的重要作用，沿承了孔子、孟子"重民"的思想，同时认为，必须处理好爱民与使民的关系。而在人性论方面，荀子和孟子的观点恰恰相反，提出了"性恶论"，认为想要成为圣人必须努力改造自己与生俱来的恶性；而孔子和孟子认为想要成为圣人，要保持和发扬善的本能。因而从最终结果看，三人均在思想上达到了统一的高度。总之，先秦儒学的思想目的都是维护封建统治，特别是在荀子之后，历代统治者都采用儒家思想为其官方主要思想。

其次，两汉儒学形成时期。两汉儒学的代表人物是董仲舒，与先秦儒学相比，其特点是，董仲舒以儒学为主，将阴阳五行学说、法家思想、墨家思想等融入其中，即以天人感应为核心，以阴阳五行说为框架，建立了一套神学思想体系，形成了系统权威的天人政治论，这在儒学发展史上起到了前承孔、孟、荀，后启朱、王的重大作用。汉武帝采纳了董仲舒"罢黜百家，独尊儒术"的建议，从此，儒学便占据了官方哲学的地位。在政治主张上，董仲舒认为"王者，天之所予也"。"唯天子受命于天，天下受命于天子"。在君臣关系上，臣之于君，好比地之事天，"臣之义，比于地。故为人臣者，视地之事天也"。在社会政治关系上，他提出"阴阳合分论"，即变儒家传统的礼为阴阳之道的体现，"礼者，继天地，体阴阳，而慎主客、序尊卑、贵贱、大小之位，而差外内、远近、新故之级者也"。由此，大一统的思想原则就深入到每一个社会成员的日常生活中。在人性论上，他分为"圣人之性""斗筲之性"和"中民之性"。在义利问题上，他提出"夫仁人者，正其义不谋其利，明其道不计其功"的价值观。在道德伦理上，他提出了"三纲""五常"，由此君主被推到至高无上的地位。

再次，宋明理学儒学鼎盛时期。从文献上看，宋明儒者特别重视《大学》《中庸》，这两篇内容由《礼记》中提出来，与《论语》《孟子》编为"四书"，其远比"五经"要重要得多，"四书"加上《易传》成为新儒古典的源泉。它的特点是将佛教的心性修养说与道家天地万物生长说批判地吸收进来。张载、邵雍、程颐、朱熹是这一学说的代表人物。新儒学最感兴趣的除了仁与礼以外，是心性与天道的问题。朱熹认为，性即是理，而爱是情，心统性情。这套思想的背景则是理气二元不离不杂之形而上学。理是超越和永恒的，气则是内在而具体的，性可以进一步解释为义礼之性和气质之性。爱、情是气。心是气之精爽者，具众理而应万事。朱熹以同一方式界定"仁"为"心之德，爱之理"。他的"仁"的学说肯定仁为生德，"其言有曰：'克己复礼为仁。'言能克去己私，复乎天理，则此心之体无不在，而此心之用无不行也"。宋明儒学最大的贡献是在人的内心开拓出一个广阔深远的境界，以探究人生理想和境界在不断提升过程中所历经的心理状态，这种肯定价值的态度对人起到了震撼鼓舞的作用。对于统治者也要由正心诚意做起，推行仁政，最终实现治国、平天下的理想。

综上所述，儒家文化的历史发展主要历经了先秦儒学、两汉儒学和宋明理学三个阶段，特别是两汉时期董仲舒建立的比较完整的伦理规范体系，标志着儒家文化进入理论创造阶段，同时也使儒家文化价值体系正式进入了人们的政治生活中。

二、优秀传统文化的价值趋向及其现代解读

以儒家思想文化为主的优秀传统文化随着时代的演进，其价值趋向呈现出鲜明的历史性和时代性、创新性和发展性，明确优秀传统文化的价值趋向对我国现代国家治理、社会进步和个人发展有着重要意义。

（一）优秀传统文化价值趋向的含义

对于优秀传统文化的定义在前文做了解释，价值趋向就是优秀传统文化中蕴含的价值选取的方向，能够随着时代的变化有所继承和发展并能为现代社会主义事业的建设提供价值导向和现实指导意义。笔者认为，优秀传统文化的价值趋向是中华优秀传统文化所蕴含的在国家治理、社会发展和个人成长方面具有积极引导作用的精神内涵，并随着时代的演进逐步成为中华民族的文明基点、道德准则和精神追求。例如儒家生而和谐的精神理想作为封建社会的精神支柱，凝聚了整个中华民族的智慧和创造力，和谐的价值观念不仅对国家生存繁荣、社会稳定发展和大学生人格塑造产生了深远影响，时至今日，更是一种价值趋向，引领并指导我国社会主义现代化事业的建设。

（二）优秀传统文化价值趋向的现代价值

我国优秀传统文化价值趋向尽管在国家治理、社会发展和个人成长方面有一定阶级性、局限性和狭隘性，但随着时代的演进，优秀传统文化凭借其包容性和发展性的特点，不断被注入新的精神内涵，并逐步成为中华民族的文明基点、道德准则和精神追求。

第二章　中国优秀传统文化与人的发展

1. 优秀传统文化为国家治理提供价值目标

经济繁荣、国家富强、百姓安居乐业是历朝历代发展的首要目标，也是中国古代思想家、政治家阐发的核心内容。管子从治理国家和国富民强相得益彰的角度论述了"凡治国之道，必先富民。民富则易治也，民贫则难治……故治国常富，而乱国常贫"。荀子的富国富民论认为，应该处理好自然与生产的关系，分配、消费和生产的关系，还论述了国家财政和经济的关系，并且意识到经济问题不仅是政治的前提，也是政治好坏的衡量标准。尽管古代治国兴邦的目的是一种狭隘的富国思想，但是推动国家繁荣富强的发展理念却深入人心。我国优秀传统文化对古代理想社会的描述是："大道之行也，天下为公。选贤与能，讲信修睦。故人不独亲其亲，不独子其子，使老有所终，壮有所用，幼有所长，矜寡孤独废疾者皆有所养，男有分，女有归。货恶其弃于地也，不必藏于己；力恶其不出于身也，不必为己。是故谋闭而不兴，盗窃乱贼而不作，故外户而不闭。是谓大同。""道"就是国家治理方针、社会运行制度、人民生活准则，古人对理想社会的憧憬无非是民族兴盛，国家发展和"和谐有序"的治国理念。这为我国实现民族复兴的中国梦提供了价值目标。例如，优秀传统文化中的"民本"思想为当前我国发展经济、解决民生问题提供了价值目标；"贵和"思想为我国人与人、人与社会、人与自然的和谐推进提供了价值目标；"隆礼"思想为我国稳定社会秩序及法制建设提供了价值目标；"德治"思想为我国社会主义核心价值观提供了价值目标等。总之，优秀传统文化的理想社会和治国思想为当前国家治理提供了以经济发展为主、重视解决民生问题、走可持续发展道路和建设和谐社会等价值目标。

2. 优秀传统文化为社会进步提供价值导向

我国优秀传统文化中，十分重视"礼义"，孔子将"礼"归纳到"仁"的思想里，将"礼"作为人们的道德规范。孔子曾说："古也有志：'克己复礼，仁也。'""克己复礼，为仁"，意思就是说要控制好自己不适当的情感，使之符合礼的规定。即"非礼勿视，非礼勿听，非礼勿言，非礼勿动"。这就给"仁"的核心"忠恕""爱人"做了一个约束，要求人们"爱人"也要在"礼"的范围之内，即按照已经规定好的亲疏、贵贱、尊卑的顺序去爱人。以"礼"来规范的社会人伦关系不仅有严格的长幼、亲疏的等级制度，同时还有温情、和睦的人道关系。这样以"仁"为思想基础、以"礼"为调控手段的社会思想文化在维护社会的发展和稳定方面起到了决定性的作用，也为当今社会提供了以礼待人、尊老爱幼、亲善和谐等价值导向。

3. 优秀传统文化为个人修身提供价值准则

孔子以"仁"为核心的理论为个人人格修养提供了价值准则，"仁"的核心是忠恕、爱人，即"己欲立而立人，己欲达而达人""己所不欲，勿施于人"。意思是，当自己某种需求想要得到满足的时候，要想到别人是否也有这样的需求需要满足；自己不情愿做的事也不要要求别人去做。墨子也提出了"兼爱"的观念，境界非常高，即平等地、无差别地爱所有人，以期做到"视人之国若视其国，视人之家若视其家，视人之身若视其身"。《尚书》中对友爱的作用进行了描述，尧帝"克明峻德，以亲九族。九族既睦，平章百姓。百姓昭明，协和万邦，黎民于变时雍"。他凭借个人的良好德行，使九族、百姓、黎民、万邦都相互友爱。这些思想为当今社会人与人之间如何相处提供了自信自律、诚信友爱的价值准则。

三、优秀传统文化价值趋向的传承方式与借鉴原则

儒家文化继孔子之后，大体而言，先秦儒学有孟、荀之分，之后有汉宋的对立，程朱陆王的争辩，其中还掺杂着俗儒欺世盗名、鱼目混珠的伎俩。优秀传统文化随时间而沉淀下来的除了渣滓，更多的是不可磨灭的文化精神和民族精神，因而我们必须取其精华，去其糟粕，使得优秀传统文化的价值得以弘扬，为培育大学生社会主义核心价值观所用，这就需要我们对优秀传统文化价值趋向与社会主义核心价值观的传承方式与借鉴原则加以论述。

（一）优秀传统文化价值趋向的传承方式

培育和践行社会主义核心价值观是当前我国社会主义精神文明建设和高校思想政治教育的主要内容，优秀传统文化价值趋向的传承要紧跟时代的发展，与时俱进，以马克思主义理论为指导，以建设中国特色社会主义为实践依据，以经济全球化发展为时代背景。

首先，优秀传统文化价值趋向的传承要以马克思主义理论为指导。当前，各种非马克思主义、反马克思主义等社会思潮的涌现和激荡，使得我国的思想文化领域面临严峻挑战。如果不坚持马克思主义的指导，我国社会主义现代化建设就会失去文化根基，精神文明建设就会失去方向，国民思想和文化就会失去阵地。所以，优秀传统文化价值趋向的传承必须要坚持以马克思主义理论为指导。

其次，优秀传统文化价值趋向的传承要以中国特色社会主义实践为依据。实践是认识为人们所用的最终目的，认识来源于实践并反作用于实践。例如，我国全面建成社会主义现代化强国的历史进程正是优秀传统文化价值趋向传承的历史机遇和实践平台，把社会主义核心价值观的教育与优秀传统文化传承有机结合起来，使每一个建设者在实现中华民族伟大复兴的平凡岗位上弘扬优秀传统文化

精神，践行社会主义核心价值观，激发劳动热情和创新创造能力，不断形成与我国社会主义现代化建设相适应的精神文化新成果。

再次，优秀传统文化价值趋向的传承要以全球化发展为时代背景。我国优秀传统文化作为社会主义核心价值观的理论来源，尽管在封建社会有着一定的历史局限性和思想狭隘性，但其本身所具有的包容性、融合性和延续性随着经济全球化发展的深刻变化，使其价值观念的内涵也与时俱进，突破局限，做出新的回应与解读，表现出优秀传统文化强大的思想凝聚力和文化创新力。在这种情况下，优秀传统文化价值趋向的传承既要坚持取其精华、去其糟粕的原则，又要与时俱进，推陈出新，深刻把握时代的脉搏。

（二）优秀传统文化价值趋向的借鉴原则

我国优秀传统文化的价值趋向不仅有现代文明发展不可或缺的宝贵遗产，也包含着科学民主等思想发展的种子，例如孟子时期民贵君轻的思想等。但是由于历史条件的局限性，孟子民本的思想并不等于现代民主思想，我国优秀传统文化的民主思想也不同于现代西方式的民主。因此，社会主义核心价值观对优秀传统文化价值趋向的借鉴要在我国国情和时代背景的基础上对国家理想、社会进步、个人发展的要求和目标有所创新和发展。

首先，优秀传统文化价值趋向的借鉴要坚持取其精华、去其糟粕的原则。从现代社会发展的要求来看，优秀传统文化价值趋向因所在的社会性质不同其历史价值也不相同，它的有些部分可以被社会主义核心价值观的理论所吸收和转化，而有些部分则因为与我国历史发展不相符而予以摒弃，比如，优秀传统文化中"贵和"思想主要调节的是社会等级中位份的关系，和现代文明中强调的公正平等有本质的差别，社会主义核心价值观所提倡的"和"，是建立在人权平等、人格平等的基础上的"和"。任何事物都具有两面性，优秀传统文化也不例外，"一种理论的生命在于与时俱进，并能在此基础上解决现实问题"。社会主义核心价值观之所以能够成为时代的旗帜，就在于它坚持在马克思主义指导下，根据时代变化和发展需要，运用批判性眼光在借鉴优秀传统文化价值趋向的基础上对其进行鉴别，取其精华，去其糟粕，实现对优秀传统文化的传承性发展。

其次，优秀传统文化价值趋向的借鉴要坚持博采众长、兼收并蓄的原则。社会主义核心价值观如果不汲取优秀传统文化的营养，便会在思想界失去其文化根基，无法立足，更不能扛起指导当代社会主义现代化建设的理论大旗，所以社会主义核心价值观不仅要吸收优秀传统文化的精华，为己所用，更要博采众长，兼收并蓄。同样，在当今文化全球化的发展背景下，我们应该以积极平等的态度参与到世界文化的交流中，自觉认识各国优秀文化对我国文化发展的重要性并加以借鉴，为我所用。一方面，以兼收并蓄的态度和积极开放的心态去面对世界文化带来的冲击，坚决不能以隔绝封闭和全盘否定的态度阻碍不同文化之间的交流和发展；另一方面，我们要在文化交流中摆正姿态，以平等的心态对待不同文化，从而加以吸收和利用，不要因为我国优秀传统文化历史悠久，而忽视其他文化的优秀成果。我国社会主义核心价值观正因为秉持谦逊独立的态度才能立足于世界民族文化之林，形成中国优秀传统文化在全球的影响力。

最后，优秀传统文化价值趋向的整合与发展要坚持"一分为二，辩证发展"的原则。辩证发展观是指导我们科学对待事情的具体方法和原则，用辩证发展的态度对待优秀传统文化，一方面，深入优秀传统文化内部，对优秀传统文化中的不同思想、不同价值加以区别，根据其特定部分的特征和实际情况去分门别类，分析和整合优秀传统文化的价值趋向，以确保优秀传统文化的全面性、多样性和层次性。另一方面，结合我国现代社会发展的具体实际情况，将社会主义核心价值观中新的内容和优秀传统文化价值趋向进行优化组合，创新文化内容和时代价值，用最新发展的理论武器指导中国特色社会主义现代化建设。

第二节　中国优秀传统文化对人的发展的影响

一、人的发展

（一）人的发展的基本内涵

马克思、恩格斯毕生研究"人的全面发展"问题，"人的发展"理论是马克思主义人学理论的主题。早期的启蒙思想家与空想社会主义者将人的自由与全面发展作为一种人道理想和价值原则提出，由于理论上的抽象与空想没能有一个坚实的地基，而造成实践上的失败。马克思与恩格斯从其基础出发，找到其存在的不足，进行了进一步的探讨与研究，找出了实现的条件与社会基础。

马克思从人的本质出发，寻求人的全面、自由和谐发展。人的发展是一个动态的生成过程，要解释何为"人的发展"，首先要明确何为"人"，也就是要对"人"本身做出一个合理的界定。马克思指出：人的发展是人的本质力量的发展。此外，人的发展包含了人的全面发展、人的自由发展、人的协调发展三个方面的内容，这三个方面既有区别又有联系，共同构成人的发展的丰富内容。

首先，人的发展是人类的特性——自由自觉的劳动能力的发展。他认为造成人的片面发展的主要原因在于"异化"。他强调,"自由自觉的劳动是人类的特性,人是劳动的产物,也是劳动的主体,劳动是人和动物最本质的区别"。所以说,有劳动就要有人类,人类的发展与劳动的发展密切相关。人的发展离不开劳动的发展,没有劳动,人类无法生存,更谈不上发展。在这个意义上说,人的发展就是人的劳动能力的发展。

其次,从人的现实本质入手,人的本质是一切社会关系的总和。人要活动生存,就必须要满足衣食住行的需要,要解决这些问题,就要劳动,而个体劳动并不能很好地完成这些,必须要结成一定的社会关系。另外,人还有意识,这是区别于动物的标志,人的意识也受社会的影响。所以,人类是以一定的社会关系存在和发展的。马克思认为,社会关系的不断丰富与发展使人成为社会的人,但作为社会之人,生活在社会中又会处处受到社会关系的制约。由此,"凡是有某种关系存在的地方,这种关系都是为我而存在的,动物不与什么东西发生关系,而且根本没有关系"。一个人的发展程度如何取决于跟他直接或间接进行交往的其他人的发展。人作为社会的产物,只要存在于社会就会受到社会关系的种种制约,人的发展情况受社会关系发展的制约。

再次,人有理想有追求,这是人的全面自由发展的内在动力。人的发展是一个过程,这个过程是生成性的。归根到底还是对人的价值实现的追求。从这一方面来看,人的发展是全面、自由、和谐发展的统一。人有目标有理想并为了理想而努力奋斗,这样的行为就是追求自身的全面、自由、和谐发展。

综上所述,有关人的发展内涵的三个方面的关系是紧密联系的,人的活动即人的实践能力的发展是作为人的发展的基础而存在的,如果没有它,人的发展就只是一句空话;人的社会关系的发展为人的发展提供了环境条件,这也说明了人的发展的现实性;若没有这个条件,那么再谈人的发展将是抽象的。这三个方面紧密联系而又相互制约,从而构成人的发展之完整含义。

(二)人的发展的主要内容

1. 人的劳动能力的发展

马克思认为,要想获得人的本质力量的发展就要发展人的劳动能力,他提出,自由自觉的劳动作为人类的特性是区别人与动物的主要标志,它是人类生存和发展的基础。人类通过劳动来满足自身的需要,不断在改变客观世界的同时发展自身,所以,人的发展就是人的劳动能力的发展、人的实践的发展,人只有在劳动的过程中才能得到全面发展。人的劳动能力的全面发展主要表现为人的活动内容和活动形式的丰富。在资本主义社会中,人被限制在一定的分工范围内,其劳动内容与劳动形式过于单一、贫乏,被固定化和模式化。工人辛苦付出劳动却得不到回报，生产出来的劳动产品不归自己所有，这就是"劳动异化"。"劳动异化"的出现是资本家在雇佣劳动者的过程中所表现出来的，此异化形式是一个必须经历的过渡点，在这个过程中已经包含了一切狭隘的生产前提的解体，为人的全面发展创造了必要的物质条件。

马克思指出："在共产主义社会里，任何人都没有特殊的活动范围，而是都可以在任何部门内发展……我可以随着自己的兴趣今天干这件事、明天干那件事。"这就说明进入共产主义社会以后，人不再受分工与职业的限制，生产力得到极大发展，人的劳动形式及内容也丰富多彩，人可以根据自己的爱好来选择自己的实践活动，人的全面而自由的发展由此形成。

2. 人的社会关系的全面发展

人与社会是密不可分的，社会由人构成，人是社会的人，社会是人的社会。马克思指出："社会关系的含义指许多个人的共同活动，不管这种共同活动是在什么条件下、用什么方式和为了什么目的而进行的。"只有社会关系的不断丰富与完善，人的本质力量才能得到发展。马克思分别考察了三大社会形态下人的发展方式和特征，强调人的发展问题产生和实现于社会发展的过程之中。

一是"人的依赖关系"阶段，这种依赖关系最初的表现形式是个人对群体的依赖，它受制于生产力的发展。在当时的社会发展状态下，生产力水平不高，个人一旦脱离了群体便无法获得生存。人的这种依赖关系处在前资本主义社会时期，个人没有获得对他人的独立性，也就谈不上人的自由发展。二是"以物的依赖关系为基础的人的独立性"阶段。从社会形态来看，这一阶段属于资本主义社会，这一时期商品经济发展较快，人们之间的社会关系发生了根本性的变化，人们摆脱了先前的人身依附关系，获得了对他人的独立性。三是"自由个性"阶段。此阶段进入共产主义社会，生产力空前发达，社会关系表现为人与人之间的和谐。不仅摆脱了人的依赖关系，也最终摆脱了物的依赖关系，处于一种完全控制自己生存条件的状态，人的发展表现为自由而全面的发展。

人的本质就是一切社会关系的总和，社会关系的发展促进了人的各个方面的发展，人的发展又会反作用于社会关系的发展，这是一个双向的作用。人类进入共产主义社会以后，便进入第三个发展阶段，从而实现人的自由而全面的发展。

3. 人的自由个性的发展

马克思对分工与私有制进行了研究，他指出：分工和私有制是造成工人阶级悲惨命运的主要原因，只有促使人的能力得到全面的发展才能摆脱分工所造成的束缚和悲剧。

人的自由个性的发展包括如下几点：首先，自由个性强调个性发展。在共产主义社会，人类的劳动能力得到充分发挥，但人与人之间仍存在差异，这个差异很大程度上是人的个性，此个性发展是建立在劳动能力全面发展的基础之上的。其次，自由个性也强调个性的自由发挥。就是人可以从"异化"中解放出来，人的个性得到施展，不仅如此，每个人可以按照自己的想法自由行动。想从事什么职业、培养什么兴趣爱好等都可以按照自己心中所想去完成，这种程度的发展是人的发展的最高级形式。最后，自由个性的发展强调人的主体的个性发展。"主体性是人作为活动主体在对客体的作用过程中所表现出来的自觉能动性、创造性和自主性。"人的自主性、创造性、自觉能动性都会随着人的主体性的提高而提高。人的自觉能动性与创造性是个人与他人得以区别的重要标志，自主性不仅是人的主体性发展的最高体现，也是人的活动事物独立性的体现，没有独立就无法谈自主，更无法谈人的自由个性。

人要想获得真正的自由全面的发展，自由个性的实现是必须要完成的，因为没有差别就不会有个性的发展，每个人都是不一样的，都是唯一的。每个人都有自己独特的性格、爱好、习惯、生活与工作，除此之外，还有自己的精神信仰，是与别人一样的存在物。马克思所追求的人们自由全面的发展，是力图实现每个人自由全面的发展，是作为人的人、作为个人的人的发展。

二、优秀传统文化是人的发展的必要条件

优秀传统文化在中华民族的历史发展进程中经历了艰难曲折的过程，发展流传至今，已经内化为中华民族的心理，融入人们生活的各个方面。其自身蕴含丰富的内容，能够在现代社会中就人的发展问题的解决发挥作用，为当代人的发展提供依据。

（一）文化是人的发展的主要因素

1. 文化是人的发展的存在方式

文化是人的文化，是人区别于动物的标志之一，它内化于人的社会实践当中，是在历史的发展过程中不断积淀生成的一种存在方式与发展方式。每个人都是一种文化存在，都以文化的方式获得发展，人的发展与文化的发展有着密切关系，人的发展离不开文化的发展，是文化进步与传承的历史积淀与表现。

恩格斯指出："最初的从动物界分离出来的人，在一切本质方面是和动物本身一样不自由的；但是，文化上的每一次进步，都是迈向自由的一步。"意在表明：人之所以为人，不同于动物，就在于人有文化而动物没有。举个例子，动物仅为生存而获取事物，并不讲究食物是否美味。人获取食物，不单单是为了果腹，更在意食物的外观是否美丽、口感是否可口，很大程度上还代表了人的地位

与身份等诸多的社会文化内容。所以，"吃什么"是生存，"如何吃"则是人的发展。人的发展包含了文化意义。人是文化的主体，也是一种文化存在，文化规定人的行为方式。简言之，文化规定了人。

文化的形成是一个不断生成的过程，是一个动态过程，是在代代相传的社会实践中传承、创新发展而来，在人们的生活中发挥作用。换句话说，文化是由人创造出来的，它构成了人的发展的存在方式。

2. 文化发展的目标在于促进人的全面发展

人的发展的目标在于促进人的全面发展，人的全面发展的实现离不开文化的发展，文化的发展是实现人的发展的重要条件。人作为文化的承载者，也是文化的创造者，文化对人的发展的作用是通过社会实践活动来实现的，文化的发展与人的发展在方向上是一致的，二者相关并互补。

人不仅需要生存，还要生存得有价值，这是文化发展使得人与动物相区别的标志，使其成为人的存在、社会的存在、自我的存在。文化就是人化，反过来讲，文化也是一个化人的过程。它时刻影响人的发展，并对人的生产、生活产生作用，使人的素质与能力得以提升。

（二）优秀传统文化蕴含人的发展的价值意蕴

优秀传统文化自身以其包容性与开放性而流传至今，其自身蕴含着关于人发展的丰富内容，此部分主要从三个方面来探讨传统文化自身蕴含的对人发展的价值，分别是：传统道德思想与人的个性修养的发展、传统文人思想与人的主体素质的提高、传统理想人格与现代人的人格修炼。

1. 传统道德思想与人的个性修养的发展

中国历来最重视传统道德，伦理道德内容十分丰富，不仅包含了儒家道德，还融合了道家、法家等道德内容。在长达数千年的历史发展过程中发生了演变与积淀，相互吸收与渗透，达至交融。中国传统道德的基本精神就其特点来说，是相对稳定并深入人心的。具体来说，最基本的核心精神是"和"，即达至自身和谐、人际关系的和谐统一。

道德是处理人际关系的规范总和，其本质内容是提高人的自身修养，处理好人与人之间的关系，具体表现如下：

第一，学会跟自己相处，也就是我们常说的修己安人。关于如何做到修己安人，传统文化中提出了极为丰富而有益的思想。首先是反求诸己，意思是说，当自己的道德行为不能取得预期效果时，要主动寻找自身的原因。正人需正己，只有严格要求自己做到，别人才能信服于你。此外，孔子认为，还要有独立的人格，培养自己有容乃大的精神。这就是"君子求诸己，小人求诸人"

之意。孟子也指出："爱人不亲反其仁，治人不治反其治，礼人不答反其敬，行有不得者，皆反求诸己。"（《孟子·离娄上》）

第二，要学会与他人相处，也就是要成人之美。在儒家看来，正己求己不仅仅在于独善其身，也不是单纯地为我主义，而在于兼善天下，在于利人、助人。如此一来，方可达至人际和谐。在此基础上，儒家提出了"贵和之道"。孔子说："君子和而不同，小人同而不和。"（《论语·子路》）孔子的弟子也讲："礼之用，和为贵。先王之道，斯为美；小大由之。有所不行，知和而和，不以礼节知，亦不可行也。"（《论语·学而》）孔子所谓"和而不同"，是说要在尊重差异的前提下，相互学习与协调，要有自己的独特想法，不能随波逐流。这不仅是为人处世之道，还是治国安邦之道。

第三，要有"见利思义""以义制利"的崇高价值追求。中国文化自古重视道德理性，讲求义利之辨。这里的"义"是指道义，其内容主要是指与人的精神生活相关的道德；"利"指功利，主要指与人的物质生活相关的利益。儒家主张重义轻利、重道轻器，"君子喻于义，小人喻于利"（《论语·里仁》），这是传统哲学的基本价值取向。孔子认为，如果将义与利相比较，义永远是第一位的，义是人生追求的主要目标，但是这并不是说利就不可追求，追求利必须要符合义的原则。所谓"见利思义"，必要时刻还要"以义制利"。所以才有"不义而富且贵，于我如浮云"（《论语·述而》）。孟子也认为利的价值是绝对的，任何情况下都不能以利伤害义。舍生取义体现的是人的崇高气节和伟大人格，也是人的价值的充分体现。董仲舒也认为，一个人的道德价值永远要高于物质价值，值得注意的是，他继承了早期儒家重义轻利的价值观念。如此看来，儒家义利观具有明显的两重性。积极方面是，它肯定了人的道德价值，弘扬了人的精神生命，这对于培养高尚的道德情操、塑造伟大的理想人格具有重要作用。消极方面是，儒家的义利观忽视了人的物质利益，在一定程度上压抑了感性生命。如果在一个社会中压抑人们的欲望，使其不能得到合理满足，否定功利的价值，整个民族便会陷入一种低迷、没有战斗力的状态，也会影响民族的创造力，阻碍社会的进步与发展。

中国传统的道德思想经历了数千年的演变，其价值意义是不容小觑的，在一定程度上有利于社会的发展，它强调的"学思并重"思想，将进一步引导我们开发人的理智与道德潜能。尽管由于时代的局限性，类似"重义轻利"的思想曾给人们的发展带来阻碍，但它毕竟把握了人的价值取向，使得中国文化的实用理性较为发达。

2. 传统人文思想与人的主体素质的提高

中华传统文化中有关人文精神的内容较为多样，提倡以人为本。基本内容涵盖三个方面：人与自然、人与社会、人与人之间的关系，相应地形成三个观点：天人合一、民为邦本、自强不息。

（1）天人合一、黜神立人

"天人合一"的观念在中国哲学史上出现较早，发源于西周，经过老庄、孔孟思想的发展到董仲舒的天人感应，再到张载、程颐达到成熟。"天人合一"思想具体表现为：首先，在天与人之间的关系上，逐渐突出人的主体地位。在天与人、天与神的关系上，强调重视人的观念。传统天命观念逐渐瓦解，人的地位开始提高。孔子从"敬天畏命"出发，将"天"看成一个有意志的人格神，要求人们遵循规律办事，按照道德原则对待自然。孟子也提出"仁民爱物"思想，主张"尽心之性"，他通过很多方式表达了自己对自然万物的关爱。其次，人能区别于动物，关键在于人有意识，能够思考。随着人们对自身认识的提高，思考的问题也逐渐加深，人们开始思考人的本质、人何以为人及人与自然的关系等问题。中国古代的先贤们对"天人合一"也做了哲学上的解答，并成为传统文化的核心观念。这种"天人合一"的整体和谐观强调人与自然的和谐，要求人们敬畏天地的同时，还要发挥人的主观能动性，学会辩证地看待问题，将人的能动性与对自然规律的尊重有机结合。今天，我们面临的生态环境问题，再一次论证了人与自然的和谐是多么重要。它作为中国传统文化主体意识、道德修养和人生境界的灵魂，是中国人文精神的内涵。"中国传统文化精神之本原，人即可谓中国思想，实为本质上之'天人合一'之思想。"

中国传统文化中重人事、轻鬼神的思想以及丰富的"天人合一"思想，将人文精神贯穿于整个传统文化之中。由此，传统文化渐渐远离上天意志，确立了人的自主地位，发挥了人的主观能动性。

（2）民为邦本、君臣和谐

中国传统"民本"思想极为丰富，"民为邦本，本固邦宁"是早期民本思想的代表，重民本的思想一直发展并延续至今。从先秦到汉代到隋唐再到宋元明清的思想家都对民本思想进行了丰富和发展。这种民为贵的思想，在当今仍具有现实意义，官民必须同乐，否则社会问题就会接踵而至。

孔子首先提出"节用而爱人，使民以时"（《论语·学而》），要求统治者"修己以安百姓"（《论语·宪问》）。孟子提出"仁政"学说，反对统治者对民众进行横征暴敛，他非常向往井田制下的小农生活，主张征税要在一定范围内，使农民的生活有保障，这样做也是有利于社会生产力发展的。体现在政治上，就是主张"王道"，反对"霸道"，强调得民心，"保民而王"，这样既有利于保证统治者当权，又能促进君臣和谐。他的仁政学说，发展了古代的民本思想，提出了民为贵的观点。荀子也提出"君者舟也，庶人者水也；水则载舟，水则覆舟"(《荀子·王制》)的辩证观点。张载提出了"民吾同胞,物吾与也"的主张,他强调君臣和谐,民众便是自己的兄弟姐妹,进一步发展了民本思想。黄宗羲提出了民主、民治、民主监督,这在中国传统民本思想中较为前瞻。

民本思想理应受到重视,从统治者来说,爱民、护民、为民着想也是稳定其统治的手段之一。更重要的是,只有在一个君臣和谐的环境下,社会才能稳定进步与发展。这种人文精神的体现,也从另一个视角对反映了"天地之性,人为贵"的人格予以肯定。

(3)自强不息、积极进取

自强不息是中国文化的基本精神之一,是中华民族生生不息的内在动力,它像源头活水,给中国文化以无穷的生命活力。《周易》讲:"天行健,君子以自强不息。"这就在很大程度上调动了人的积极性,以自然界的现象来比拟人,这种勇往直前的精神是任何力量也无法阻挡的。人也应该不断奋斗,积极进取。《易传》对此做了经典性描述:"生生之谓易""刚健而文明,应乎天而顺乎人"。这里是说,人格气质与生命精神应当效法健动有力、运行不止的天体,人必须发挥自我能动性,自强不息,努力奋斗。这就在很大程度上肯定并提高了人的主体性。

新儒家代表牟宗三曾用"壁立千仞"这个词语来形容中国传统儒家道德自我具有的主体地位。所谓主体是指人们在处理自己与外界关系中所拥有的自主自觉的地位。儒家特别重视人的这种自主地位及其作用,孔子曰:"三军可夺帅也,匹夫不可夺志也。"认为道德的实现完全取决于主体自我。孟子认为,一个人可以贫穷,但不能因此而难过,但若因为没有成为品德高尚之人而难过则是可以理解的。他认为人尽心才能知性、知天,仁、义、礼、智都植根于人的内心,每个人都是一个完整的道德主体,内在道德赋予人无上的价值和尊严,这与外在的贫困富有没有关系,道德正是与权贵财富抗衡的资本。孟子曾言:"富贵不能淫,贫贱不能移,威武不能屈,此之谓大丈夫。"(《孟子·滕文公下》)这种充满浩然之气的大丈夫精神充分体现了道德自我价值和主体人格尊严。

古代众多思想家都极为赞赏大丈夫精神,并自觉把这种精神内化为自己的人生态度。对于中国传统知识分子来说,这种自信不仅基于内在的道德价值,还来自对真理的信仰、对正义的追求。

3.传统理想人格与人的现代人格的修炼

人格的完善是传统文化的基本价值追求。中国传统思想家多以道德对人们提出要求,使其培养高尚人格。换句话说,中国传统理想人格的中心问题围绕如何确立理想人格而展开。理想人格的构建不是故步自封的,是随时代的发展而不断更新的,进而成为一种人格典范。它的作用在于促进人完善自身,经过长时间的修正与建构使人们不断接近它、实现它。简单来说，人们对理想人格的追求就是对理想人生的追求。在我国，最具代表性的便是儒家、道家、佛家，它们在长时间的发展过程中形成了较为完整的理论体系，对中国社会的发展起到了重要作用，也有利于推动中国传统道德理论的发展。

儒家最典型的理想人格是"内圣外王"，"配神明，醇天地，育万物，和天下，泽及百姓"。（《庄子·杂篇》）梁启超曾对内圣外王做出解释：做修己的功夫，做到极处，就是内圣；做安人的功夫，做到极处，就是外王；人格锻炼到精纯，便是内圣；人格扩大到普遍，便是外王。内圣外王作为儒家的基本精神与理想追求，曾在我国传统文化中占据主导地位，不断规范人们的道德行为，引导人们的道德选择。传统内圣外王的理想人格带有明显的封建色彩，但对当下时代而言，经过时代的诠释与转换后，斩断它与封建君主专制的关系，仍然可以为当下人所提倡与追求，展现其现代意义与普遍价值。

儒家追求高层次的精神，主张积极入世。在孔子那里表现为"修己以安人，修己以安百姓""己欲立而立人，己欲达而达人"的忠恕之道；在孟子那里，则是以"性善论"为基础，以仁政为依归的仁学；而在荀子那里，却是以"性恶论"为基础，以"尽伦尽制"的圣王为最高理想的礼学。在儒家看来，理想人格首先要有一种仁爱精神，恭宽信敏惠均属于仁的范畴，还要有自强不息的进取精神和建功立业的伟大志向。儒家并不要求外在的事功一定要成功，但却必须要成仁。儒家所具有的积极入世的态度，决定了其在人格修养上也提倡一种内外合一的入世人格。由于内圣外王之道经历了一个不断演变发展的过程，并在其过程中产生了丰富的内涵，由此应从不同的角度来衡量它的现代价值。

道家的理想人格表现为自然人格，老子所构想的理想人格是一种自然无为的人格境界，主张淡泊名利、平心静气、知足不争、致虚守静、提倡无欲。老子认为要想修炼理想人格，首先要遵从道，做到"无事""无欲"。何为"无事"？就是对待万事万物不要勉强，顺其自然，不要强行进行人事干预；"无欲"即摒弃贪念，让其自由发展，不要强行干涉，不敢肆意妄为。其次还要做到知足不争，"不争"是一种美德，人们应该培养这种品德。老子在《道德经》第八章中详细而全面地论述了圣人理想人格的文化内涵，他以水为例，指出："上善若水，水善利万物而不争，处众人之所恶，故几于道。"老子用水比喻圣人之道，人的理想人格也应该是"上善若水"。此圣人之道，对于促进当下人格健康发展具有启迪意义。

佛家追求的理想人格是"佛"，追求精神上的解脱与超越。佛家认为，没有众生的解脱，就没有人的真正的解脱。此外，佛家还提倡众生平等，打破人种优劣论，更加注重人格的教化与完善。最后，佛家认为一切事物皆由姻缘和合而成，时刻处于变动不居中，此成为"行"。

可以确定，中国传统理想人格中存在这样那样的缺陷，但如果及时将其进行转换与创新，与时俱进，在当下仍具有重要的现代价值。当代的理想人格，一定是代表先进文化前进方向的，积极促进社会文明进步的，有利于人的发展的。

三、优秀传统文化对人的发展的当代价值表现

当今社会中最引人关注的问题还是人的问题，人的道德危机、人的精神缺失、人的信仰迷茫，等等，优秀传统文化作为一种伦理文化，其现代价值主要体现在为当代人的发展提供一剂良药。

（一）优秀传统文化对提升人的个性修养的当代价值

人的发展本质上指的是人的德智体等方面的素质得到提高，人的个性得到尊重和展现，人的能力得到各个方面的提高，人的各种需要能够得到满足，人的关系尤其是社会关系得到和谐发展。当下，基于部分人价值观的缺失、良知的失落、道德的沦丧，更多的人期待能够在社会转型期实现批判性，超越现代化的某些局限。目前，回归优秀传统文化、继承我国传统的道德精粹，在不断完善人的个性修养的同时吸收现代科技文明成果，通过不断学习提升自己的竞争能力，就显得尤为重要。

1. 修身为本——发展人的品行素质

随着社会物质财富的增多，社会发展变得复杂多样，人们在社会中的角色也随之变化。部分人为了追求物质利益的最大化，很大程度上影响了他们的道德选择，忽视了对德行的培养，导致这部分人的道德实践陷入困境。中国五千年文化，在人的德行修养方面提出了一系列方法、原则，为后代修身思想奠定了基础，这为发展人的品行素质提供了理论之源。

为当代人加强自身修养提供智慧之源。中国历来重视修身养性，强调将人的知情意转换为真善美，这个过程是一个动态的主观努力过程，主体在经历中不断反省自己的内心，把社会道德准则内化为人们的道德品质，其中的很多部分也已经成为中国人根深蒂固的道德行为准则。在物质高度发展的今天，"格物""慎独""内省"等思想给人们以引导，只有采取正确的方法，才能更好地在社会上立足。孔子要求人应该在修养方面达到"知者不惑，仁者不忧，勇者不惧"（《论语·子罕》）。这就与现代人的德行修养形成鲜明对比，也大大改善了人在德行养成发展过程中的心理和观念。遇事不急不躁，凡事以平常心来

对待，不悲不喜、不卑不亢。在修养德行的过程中反求诸己、克己内省、高度自律，这样我们就能正确处理好许多事。但是，要做到这样并非易事，需要我们有持之以恒的信心和不断学习的心态，如果这种精神能够深入内心，对我们的帮助也是巨大的。当我们在生活中蒙受苦痛、遭遇失败、被人误解的时候，能够保持一颗平常心是非常难得的。这些思想品质一旦养成，对人的品行素质的提高是非常大的。

由此，古人将"立德"放于首位，说明"修身"是基础，中国古人为我们留下的大量"修身"思想，是中华民族宝贵的精神财富，为我们提高全民道德素质、完善人的品格、提高人生境界提供精神财富。

2. 中和之道——改善人与人之间的关系

深化优秀传统文化与人的个性修养方面的关系，就要加强对优秀传统文化的中和思想及其对人的发展的影响探讨。社会经济飞速发展，人际关系变得复杂难懂，当下人们不再为吃穿发愁。如何在这样一个快节奏的社会中保持一颗平静自律之心，要解决这样那样的人际关系问题，就需要懂得中和之道。

人是社会的人，处在社会中不可能脱离社会关系，如何处理好亲情关系、邻里关系、友情关系、爱情关系、上下级关系、同事关系等是非常重要的。人与人之间应该保持一个怎样的距离才算适度？不同的人之间相处的情况也不尽相同，但是这其中有一个共性的原则应当遵守，就是既不能太过疏远也不能太过亲密。在单位中，上下级的相处也会发生一些问题。作为上级，若表现得太强势，咄咄逼人，给人高高在上的感觉，与下级同事之间自然不能相处好。但是谦虚低调了，不免给人造成虚伪的感觉，又会让人觉得太假。只有恰如其分地相处，才能将各个方面的关系处理恰当。在相处的过程中，要不断调整策略，最终使自己达到中和的状态，也就是自强与谦虚的和谐统一，在这两者之间找到一个平衡点。邻里关系的相处也同样如此，邻居要有邻居的相处之道，不可太过，也不可不及。太过热情或太过冷漠都不是正确的相处模式。正确的相处模式是互帮互助、礼让有度。这样的中和之道需要人们在相处的过程中去体会和感悟，一旦找到这样的平衡点，相处起来就会得心应手。

由此，中和之道在当下处理人际关系中的最大的价值，就在于它要求人们获得一种和谐的统一与平衡。与之相区别的是圆滑与世故，传统文化中讲究的中和之道，更多的是教会人们一种灵活、变通看待事情的思维方式。在人类历史的长河中，中和思想影响着一代又一代人，并得到发展和传承，追求和谐的境界不仅是改善人与人之间的和谐关系，更是社会各方面事业发展的必然结果。

3. 义利之统一——树立正确的个人义利价值取向

儒家的"义利观"有利于启迪社会成员在义利关系上做出正确的道德取

向，有利于人们树立正确的个人价值取向。儒家提倡"舍生取义"，对于利益的追求要先考虑义，要有理性的束缚，"以义制利"，不接受不义之财。"君子喻于义，小人喻于利"，这种价值取向，当下也不应该将其丢掉。

有人说，人类社会发展的历史是人类良知战胜邪恶的历史；也有人不同意这种观点，认为古代社会是圣贤时代，现在社会早已不是之前的社会。但不管怎么说，时代在发展，优秀的核心理念应该随之传承并进步。不可否认，市场经济的发展，势必会带来经济效益的增长。在这样的大环境里，很多经营者为获取利益，全然不顾及国家、集体利益，我们不是不允许经营者获取利益，而是在追逐利益的过程中要考虑国家、集体的利益，在不损害国家利益的前提下进行利益往来。不能因为一己私利而损害民族利益，在当下，仍然存在不正当竞争之人，这些人见利忘义、见钱眼开，不知诚信为何物，不仅给消费者带来损害，也使国家蒙受损失。这就告诫我们，儒家的见利思义、以义制利的思想，在利益角逐的市场经济环境下，仍具有存在的合理性价值。

金钱确实有诸多的好处，但凡事有利必有弊。日常生活中，我们也不能一切向钱看，不能拜倒在金钱面前。物质享受与精神享受的不同之处就在于，物质享受会有一个饱和点，如果人超过了这个点，便不是享受。但精神享受却不同，它没有饱和点，而是越追求它，它便会引领你达到更高的层次。在这个社会中还存在着比金钱更为重要的东西，那就是情义和道德。正是因为这样，社会中才会涌现出一大批的见义勇为者，他们不惜牺牲自己的生命而去挽救别人，这种精神应该受到全社会的尊重。但是，在我们的日常生活中，也有这样一群人，他们视钱如命，每每想到的是自己的利益与好处，渐而灵魂扭曲，冷漠无情。由此，儒家的义利价值取向，对当下人的发展有不可忽视的作用。坚持以义制利就能理智地处理金钱与道德的关系，把人们的真心与真情激发出来，将人与人的关系推进到一个新的发展高度。

（二）优秀传统文化对彰显人的主体性的当代价值

在市场经济条件下要求人们摒弃陈旧的依赖思想，加强主体能动性。在建设社会主义和谐社会的今天，基本前提是人自身的和谐、人与人的和谐。而如何做到，就需要发挥人的主体能动性，这样才能促进自身和谐，自身与他人和谐，与社会、自然和谐相处，进而达到建设和谐社会的目的。优秀传统文化中对于彰显人的主体性有诸多丰富思想，对于促进人的发展、社会的发展起到很好的借鉴意义。

1. 天人合一——促进自然与人关系的和谐

当下，经济全球化不断加剧，人们的物质生活愈加富裕，各类问题也随之出现。环境问题突出，生态环境遭到破坏；社会问题日益积聚，社会竞争加剧。很多人开始思考，要想长久生存于这个地球上，如何解决和避免此类问题，于是，他们开始寻求解决问题的办法。传统文化的核心思想"天人合一"涵盖了关于人与自然的和谐统一，正是我国走可持续发展道路所要追求与实现的价值目标。

近几年，全世界范围的环境污染都较为严重，面对诸多难题，人们是时候重新审视人与自然的关系了。中国古代"天人合一"思想不但在历史上曾起到保护环境、促进社会健康发展的作用，在今天生态环境日趋严重的形势下，也能够带来对人与自然关系的道德思考。人们不断意识到，要确立新的生态价值观念，正确把握人与自然的辩证关系。在人类中心主义观念的影响下，人们习惯于自己是自然的立法者，凌驾于自然之上，以征服自然为获取成就感的途径，从而致使人的生存环境急剧恶化。但在"天人合一"思想的指导下，人类与自然是一个和谐统一的整体，人应发挥其主观能动性融入自然，与自然和谐相处。这有利于人们树立正确的道德责任，坚持可持续发展理念，最终实现人与自然的持续长久发展。在此过程中，人们还要提高环保意识，实实在在保护生态系统。其本质就是要转变经济增长方式，调整产业结构，禁止对资源的掠夺性开发，实现科学发展，这样也有利于人们转变传统生活方式。实践中，人们通过不懈努力，主动发掘有利于社会、人、自然三者协调发展的机制，既有利于自然和谐，又有利于促进社会经济不断发展。

当下，世界已经进入高科技时代，人类当今面临的生态环境问题已与往日古代大有不同，如果原封不动继承并弘扬传统天人之学思想，是不能解决当下的环境危机的。面对此类情况，应该从根本上转变人的价值观念，吐故纳新，批判继承。从当代视角出发，对天人之学进行批判性的诠释，以实现有利于科学匡正人与自然关系的价值取向。

2. 民为邦本——提高人本主义精神

传统"以民为本"的思想实质上是统治者的御民之术，它在一定程度上是一种不平等的依附关系，在这种关系中不可能产生市场经济所需要的自由、平等的市场竞争环境。所以，传统的民本思想需要转换为时代需要的以人为本思想。

近些年来，随着我国构建以人为本和谐社会使命的提出，民族文化复兴的声音此起彼伏。随着社会的不断发展，人在社会发展中的主体地位和作用也日益增强，当下是知识经济爆炸的时代，依赖的是人以及人的创造力。社会发展的最终目的也是促进人的发展，为人的各方面发展提供更好的环境保障。要想获得社会的长久发展，就必须加强对人的关注，尤其是当下应着重培养人的创造力及创新意识；坚持以人为本，切实为了人发展人，为实现人的全面发展打造坚实的基础。

首先，有利于提高人的主体地位和作用。我国大力发展经济，其根本目的是满足人民日益增长的美好生活需要，实现人的自由全面发展。发展经济的目的是保证人们的物质需求，物质需求得到满足，进而才能追求精神的享受。习近平总书记强调：要在保持经济增长的同时，落实以人民为中心的发展思想，要想群众之所想、急群众之所急、解群众之所困。这就对全党、全社会做出了倡导与要求。其次，以人为本的价值取向，有利于尊重人、为了人、塑造人。在社会中，应给予每个人以合理的尊重，尊重人的需求、人格、能力、差异、个性，等等。对每个人的权利都应给予合理的尊重，要把人塑造成权利的主体、责任的主体；以人的生存、安全、自尊、发展、享受等需要作为出发点和归宿。

中国传统的"以民为本"思想，曾在中国特定的历史时期起到过积极的作用，但它本身存在一定的局限性，必须将"以民为本"向"以人为本"进行转换与创新。实现这样的思想转变，既是时代进步的需要，也是历史发展的必然，更是中国迈向现代化的动力。不论何种思想，要实现时代的转化，总要有一个过程，实现人的全面发展的道路还很艰辛，但一定能够实现。

3. 自强不息——增强人的能动性与创造性

自强不息是中国文化的基本精神之一，是中华民族生生不息的内在动力，它像源头活水，给中国文化及其精神以无穷的生命活力。所以，继承和发扬自强不息的进取精神在当代具有重要意义。自强不息的精神在当代既表现为自尊自信、自主自立、不卑不亢的独立道德人格，又表现为奋发图强、坚忍不拔、勇于开拓的进取品质；还表现为永不满足当下、坚持不懈的执着追求。每个人都应该将命运与前途掌握在自己手里，"收拾精神，自做主宰"。

首先，自强不息精神能够使人面对艰难困苦，玉汝于成。人们在面对困难挫折，或是身处困境乃至绝境时，最能展现自强不息精神。越是遭遇逆境越能够考验一个人的意志品质，只有身心经受苦难磨砺之人，方可练就坚强意志与刚强不屈的人格；也只有战胜艰难困苦，才能成就自己，达至人生的光辉顶点。要以积极、乐观、豁达之心面对苦难，在绝境中求取生存，在困境中求取发展，这是中华民族的宝贵精神传统。近代以来，很多仁人志士为了民族的独立与解放不惜牺牲自己的生命，中国共产党领导中国人民推翻了帝国主义、封建主义、官僚资本主义的压迫，建立了新民主主义共和国，新中国成立之后不断建设中国特色社会主义。我们能够取得举世瞩目的伟大成就，最主要的原因不是因为苦难，而是我们具有自强不息的精神，是面对苦难战而胜之的意志与勇气。在漫长的历史长河中，正是这种自强不息的精神、积极进取的人生态度，中华民族才渡过无数内忧外患，战胜无数艰难险阻，创造了令人骄傲的物质文化和精神文化。

其次,发扬自强不息精神,有助于人们创新意识的培养。市场经济的当下,竞争日益激烈。要想在激烈的竞争中占有一席之地,人们不仅要具备自立进取的精神,还要具备创新意识,充分发挥人的创造力,使人的积极性得以充分调动,不断进行产品的创新及理念的更新。大环境决定了我们要不断努力才能获得成功,只有这样才能立于不败之地。要做到这一点,自强不息的精神不能少。

基于以上对自强不息精神现代价值的认识,我们认为,自强不息同保守、无为、蛮干等都是相对立的,它是一种积极进取的精神、谦虚谨慎的态度、敢于同困难面对面的决心。这种品质是中华民族的内聚之核,我们不应丢弃这种精神,而应努力做好。要增强自身修养,养成遇到困难迎难而上的习惯,不断提升自己的能动性,做到自强不息,才能在大风大浪中显示勇敢果断的精神。中华民族要在开放中求生存、谋发展,就必须增强自主意识,发扬自强不息的精神。

(三)优秀传统文化对塑造人的理想人格的当代价值

伴随我国社会主义现代化的飞速发展,解决当下现代人格的塑造这一问题势在必行。理想人格的设计应该在继承传统的基础上,"立足现状,面向未来",使中国传统的以道德为主的道德人格向知情意行统一、真善美一体化的现代人格转换,建构和谐人格,促进人的全面发展,推动社会的文明进步。

1. 内圣外王——匡正道德主体的价值追求

首先,内圣外王人格体现了成己成人的价值取向,为现代人解决精神危机问题提供一剂良药。当下,人际关系冷漠、利己之心膨胀,人们的精神生活贫乏。儒家"修己安人""慎独"思想是推动个人完善自我的重要途径。它提示我们要有律己之心,弃非分之想,耐得住寂寞,自重、自省,在孤独中成就自我。这与今日人们的"乱"形成鲜明的对比,也给人们以启迪。将这种向内"修己成仁"的思想融汇于内心深处,即便生活于纷乱的世间,仍可保持一颗平静安稳之心。此外,儒家所倡导的"三不朽"之说,能够在一定程度上唤起人们身上蕴藏的创造潜能,使得人们摆脱目前的空虚心态。与此同时,儒家还主张"己所不欲,勿施于人",这一价值取向对提升人的内在修养,在纷繁复杂的社会中寻找真实的自我具有重要的现实意义。

其次,内圣外王的人格体现了积极入世的价值取向,有利于克服现代人消极懒惰和悲观绝望的心理。经济的飞速发展与科学技术的进步使得人与人之间的竞争不断加剧,社会问题也层出不穷,人们担心未来,对当下的生活逐渐失去安全感,给人的身心健康带来很大危害。儒家"外王"思想主张建功立业给人以启迪,它肯定了社会责任意识,尤其看中人的社会价值,使得人们在个性与群体性当中获得道德人格的适度,矫正现代人自私的心理,提高道德素养。

将儒家"内圣外王，治国平天下"的思想运用到现代的生活中，将个人命运与国家命运相统一，在这样的环境下，不断激发人们的热情，在很大程度上可消除懒惰及消极情绪。

传统"内圣外王"肯定带有其时代的局限性，随着时代的不断进步，其思想也应赋予崭新的时代内涵。人类的发展速度飞快，相应地会提出较高的要求，传统的"内圣外王"思想如果不能及时更新，便会遭到淘汰。所以，当下中国人所追求的"内圣外王"就应该将传统思想与现代思想相融合，不断与时俱进，为更好地促进人的全面发展而提供更高的价值。

2. 上善若水——自然真朴的修性之道

道家的理想人格学说，从老子的"圣人"到庄子的"真人"，构成一个统一的整体，其中有精华也有糟粕。它体现了在当时的历史时期，道家对人生意义及价值的追求，它所蕴含的智慧深深影响了数千年来人们的思维方式及行动。当下，重新审视道家的理想人格，对于塑造现代人的理想人格有着极其深远的影响。

老子说："弱道者用之。"（《老子》四十章）意思是说柔弱是道的功能所在，行道者应该依照大自然的法则，守住柔弱，不争胜，不为人先。道家一直以来将对自然真朴的人性作为其追求的目标，强调个人要效法自然，依照本性，这对于人们寻求内心的安宁具有重要作用。

当然，可能会有人提出质疑：现代这样竞争激烈的社会中，人们只有敢于竞争，才可获得更多的生存空间。这对于当下人们快节奏的生活而言，不能不说是一剂良药。现在很多人说，社会浮躁，人的内心也变得焦灼和不安，而采取道家的不争思想，便可在很大程度上给人的心灵以净化。老子说："上善若水，水善利万物而不争，处众人之所恶，故几于道。"（《老子》八章）不争，是说人不要争强好胜，不应仅追求名利，把个人利益放在第一位。但也不是说要牺牲自己的利益，相反，唯其不争，"故天下莫能与之争"（《老子》二十二章），不管是在工作中，还是在家庭中，多一分谦让，就多一分和谐，就如同水一般，它善于处下，反而能成就海纳百川。道家之所以倡导柔顺不争，是因为道的本性在于清净。"夫物芸芸，各复归其根。归根曰静，是谓复命。复命曰常，知常曰明。不知常，妄作，凶。"（《老子》十六章）与柔顺不争相联系，道家还强调无为。这里所强调的无为，并不是无所事事，而是做事要顺从内心。这种无为的思想对人也大有裨益，有的人迫切追求事业的成功，做每件事都要讲求回报，殊不知世间很多事情，并不是努力了就一定会有回报。当然，这并不是说，因为这样，就要求人们不去努力。而是要在做事情的时候保持一颗平静的心态，成败乃兵家常事，尽人事、听天命是最好的写照。

柔顺不争的人格思想倡导所有世事顺于本心，追求随心所欲、抛弃理性是片面的，它强调人与人之间坦诚相待，这是有积极意义的。在特殊的条件下，奉行不争之德，提倡相互谦让，是值得提倡的。但是，在激烈的商业竞争之下，如果继续奉行"不争之德"，也只能导致企业破产。所以，对于道家的"柔顺不争"也要具体情况具体分析。

道家理想人格中这种自然真朴、坚忍不拔、主张人性自然发展的思想，在我国古代思想发展史上起到过积极作用。坚定自我、不随波逐流，凸显了主体地位和价值，道家人格独立思想对于现代人格独立意识有着积极意义。在现代人格的建构中，独立意识是健全人格的重要组成部分，它是培养个体自立、自强、自尊的关键所在。

3. 明心见性——奉献他人的人生情怀

首先，自净其意，达至自身和谐。目前，我国正在积极努力构建和谐社会，而人作为社会的主体，关注人自身的和谐发展尤其重要。但是，人的自身是否和谐又取决于人的内心世界，只有自身和谐，家庭才会和谐，进而推进社会和谐。由此可以得出：和谐社会，从心开始。然而，目前社会中存在很多不和谐，诸如生态环境污染严重、贫富差距过大，等等，为此需要引导人们不断完善心灵，提升人性追求，不要太执着于外在追求，将人们的心态调节到安宁平和的状态，这样才能客观从容地面对现实社会，人才能得到积极健康的发展。

其次，克己淡欲，觉利他人，培养人的奉献意识。人们之所以会感到痛苦，根源在于人们对欲望的渴求太高。要想消除痛苦与烦恼，获取快乐幸福，就要不断修炼自己克己淡欲、觉利他人的德行。这种思想在今天尤其应该得到继承与发扬，在当今社会中对于人们树立慈悲为怀、帮助他人大有意义。

觉利他人，往大了说，在个人与社会的关系中，当个人利益与社会利益发生冲突时，要首先考虑社会利益不受损害；往小了说，在人与人的相处中，要为别人着想，不能一心只想自己。别人有困难的时候，要懂得施以援手。在当下，我们应该对其进行时代的转换与创新，不断反思，克制自己的贪欲之心。构建社会主义和谐社会，建设社会主义精神文明，以从容的心态去面对"克己淡欲、觉利他人"的思想，并使之发挥更大的作用与价值。

第三章 中国优秀传统文化教育与高校人才培养

第一节 中国优秀传统文化教育的内涵与功能

一、中国优秀传统文化教育的内涵

中国传统文化是指以中华民族为创作主体,于清晚期以前,在中国这块土地上形成和发展起来的,具有鲜明特色和稳定结构、世代传承并影响整个社会历史的宏大的古典文化体系。这里所阐述的中国传统文化包含着特有的东方内质与形态,是经过千百年的浸润、融合、撞击,超越了时代局限性而沉淀下来的珍品,并已内化为中华民族特有的文化心理结构。它们并不是沉寂的古董,而是连接民族历史进程的生命之流。中国传统文化所蕴含的各种思想政治文化、制度礼仪文化、生产生活文化、观念精神文化、语言文字文化、艺术文化放射着永恒的思想光芒,正是基于中国传统文化的这种特质,使其在引导、规范、教育、塑造大学生的思想意识、行为方式、理想人格等方面占据着天然的优势。高校的中国优秀传统文化教育就是要充分利用传统文化的这种优势,开阔大学生的文化视野,对大学生进行道德、情感、理想、文化素质等的教育和引导,从而实现大学生文化心理、价值观念、思维方式等方面的自我更新,为民族的伟大复兴注入新的动力。

二、高校优秀传统文化教育的功能

(一)唤醒大学生的文化意识

教育的核心之所在是唤醒学生的生命感、价值感,唤醒学生的人格心灵。大学生处于前社会阶段,个体的发展还有待于开拓,个体发展的一个重要前提就是大学生文化意识的觉醒。文化意识是人的主体意识的核心内容,也是人的主体性发展水平的重要标志。简单来说,文化意识就是明确自身的文化归属、认识文化体系的构成以及参与文化理解与创造的自觉性。大学生如果不能形成自觉的文化意识,就不会觉察到自身文化素质的局限,难以正确评价自身的文化水平,难以主动寻求适合自身发展的优秀文化。传统文化较之其他形态文化与个人发展关系最为密切,与每个人的成长息息相关。因此优秀传统文化教育承载着唤醒大学生文化意识的功能。大学期间是全面深刻接触传统文化的阶段，传统文化散发的浓郁的人文关怀与奔流不息的生命智慧将唤醒大学生内心深处在前大学阶段就已萌动的文化意识，促使他们审视自身的文化素质，反复体验文化的厚重，批判地继承传统文化，借鉴地吸收外来文化精华，使他们能够逐步形成一种清醒自知的文化意识。优秀传统文化教育将推动大学生文化眼光的形成和文化品位的提高。

（二）促进大学生认知结构发展

心理学家皮亚杰认为，人的认知过程分为同化和顺应两个过程。同化就是把外界元素整合到一个已有的知识结构中，顺应就是同化性的结构受到其他因素的影响而发生的改变。优秀传统文化教育是一个传递文化的过程，由于语言是文化的符号，承载传统文化的母语尤其给大学生一种亲切的归属感，使他们能够透过传统文化了解历史，与外界环境不断进行比照。可以说，传统文化是大学生认识世界的最直接窗口。优秀传统文化教育结合大学生的文化接受水平和认知心理发展，有针对性地对学生的认知结构给予恰当的影响，使他们能够克服距离感、陌生感，顺利地将所学知识同化并纳入已有的认知结构中。另外，优秀传统文化教育通过向学生展示广阔而深邃的文化天地，影响着学生认知结构的建构，使其对于知识的学习带有浓重的文化意味，认知程度亦随之加深，广度亦有拓宽，这种顺应效应的发生加快了大学生认知结构的完善，使之趋于合理，更具有开放性和生长性。

（三）陶冶净化大学生心灵

心理学研究表明，人的成长过程中非智力因素发挥着重要的作用。优秀传统文化教育不仅实现了文化知识的传递，还对学生进行情感的陶冶和心灵的净化，促进学生非智力因素的发展。传统文化折射着异彩纷呈的人间万象，汇聚着无数杰出人物的理想追求，洋溢着真实美好的情感体验，在培养大学生情感和树立大学生价值观方面显示出强大的功效。尤其是"以天下为己任"的民族文化精神，"厚德载物，自强不息"的进取精神，"坚韧乐观、九死不悔"的不懈追求，"天人合一、自由创造"的思想，"含蓄绵长、悲天悯人"的崇高情怀……这些鲜活的、非说教性质的、非功利的健康文化，因为至真、至情、至善、至美，所以无时无刻不在影响着大学生的文化心理期待和审美价值追求，启蒙和引导学生沉浸在优秀传统文化之中，促使其主动积极地建构既符合时代要求又具有独特个性的价值观。

（四）激励大学生的文化创造行为

传统文化本身就是中华民族群体不断创造的结晶，这种创造过程彰显了人的本质和能动性，高校优秀传统文化教育充分利用传统文化资源和文化手段在凸显中华民族文化精髓的同时，也激发着大学生对文化创造的理解和尝试。他们在充分体悟传统文化创造的艰辛的过程中，分享着成功的喜悦，思接千载，超越时间和空间的局限与文化创作主体"对话"并受其感染，从而渐渐萌发自我文化创造的意识。他们在特定的时代背景下，书写着属于他们自己的文化，创新精神和创新能力不断得到提高，使传统文化得以接续并补充新的生命活力，民族情感和民族精神得以厚植。

第二节　中国优秀传统文化教育对高校人才培养的价值

一、中国优秀传统文化教育是高校提高人才培养质量的基础

（一）优秀传统文化的育人精神促进高校人才培养的实现

高等学校从成立之初，其最主要的目标就是实现人才培养，是文化育人的过程，通过教学，使知识内化到学生的本体中，而传统文化中蕴含的许多教育价值则能进一步促进高校人才培养的实现。

首先，中国优秀的传统文化精神倡导人们应该时刻保持一种怀疑批判的精神，应该保持独立的人格，对一切事物都应该充满创造力。其次，传统文化中蕴含的人生价值、求学态度、生活理念等可以帮助学生在获取知识的同时，提高自身素养。并且，古代许多伟大的发明也体现出传统文化勇于创新的精神，而这些高尚的品格以及创新精神，正是现代大学生所缺少但又非常需要的。因此，在高校中，充分发挥传统文化的教育价值，加强优秀传统文化的育人作用，是培养人才的有效途径。

（二）优秀传统文化的创新精神推动高校科学研究的发展

随着高等学校的不断发展，逐渐从单一的人才培养职能丰富到科学研究的职能，由此可见，如今高等教育的发展越来越注重创新精神的培养，有创新才能推动社会的发展。

在历史上，中国古代人民的创新与智慧是受人尊敬的，造纸术、指南针、火药、印刷术无一不对后世经济的发展产生了巨大的影响。虽然在当时，碍于政治以及小农经济的原因，这些发明并未能转变当时中国古代的经济发展模式，但

是，传统文化中的创新精神却值得我们学习。在当今市场经济环境下，创新研究成果与市场经济发展可以很好地结合，发展方向与创新意识也可以趋于一致，但是创新意识却少之又少，因此，加强学生的创新意识显得尤为重要，正如朱熹的《观书有感》："问渠那得清如许？为有源头活水来。"我们更应该从传统文化中吸取创新精神，要注重创新，勇于探索，勇于实践。

（三）优秀传统文化的独特风格形成高校独特的办学理念

如果说学术自由是大学之魂，那么，办学特色就是大学之神。大学办得好不好，不在于规模有多大，而在于特色是否鲜明。但是，大学、学科、学者的千篇一律已经成为当今高校发展的一大弊病。当前高校办学之问题还表现在追求"高大全"，盲目跟风市场，人才培养"标准化"。而通过优秀传统文化的融入，可以丰富高校的办学理念，将传统文化作为一种思想甚至一门专门的学科融入人才培养过程中，形成高校独特的办学特色。

二、中国优秀传统文化是规范大学生价值观念的思想基础

传统文化是先辈传承下来的丰厚遗产，蕴含着代代相传的思维方式、价值观念、行为准则、道德规范，而传统文化中所蕴含的思想，对解决当前社会发展与大学生自身发展所遇到的问题，都有重要的帮助。同时，这些思想对当前大学生的荣辱观、金钱观以及行为规范的形成都具有重要的价值。

（一）义为荣，背义为耻——形成正确的荣辱观

荣辱观是人们对何为荣、何为辱的自身的看法，正确的荣辱观是促进自身发展与践行社会主义核心价值观的重要途径，当代大学生作为国家未来的建设者，形成正确的荣辱观至关重要。但是，由于西方文化的冲击，大学生对于荣辱观的概念比较模糊，并不能形成完整的判断标准。

在我国古代，礼义廉耻是非常重要的，早在我国第一部诗歌总集《诗经》中就描述过廉耻之事，比如《鄘风·相鼠》写道："相鼠有皮，人而无仪！人而无仪，不死何为？"同时孟子也说过："无羞恶之心，非人也。"从为人角度，古人认为，荣辱在于自己，不在于他人，不知礼义廉耻之徒，不配做人；而从治国理政的角度，还有范仲淹在《岳阳楼记》中所强调的"先天下之忧而忧，后天下之乐而乐"。这些思想对当代高校教育有重要价值，通过使学生对荣辱观有明确的认识与判断标准，从而形成正确的荣辱观。

（二）俭以养德——形成正确的金钱观

社会经济的发展，使人们对金钱产生了错误的认识，认为有钱就可以解决任何事件，认为有钱就是处于食物链的顶端，因此出现了许多影响恶劣的行为，甚至丧失了自我。《大学》云："德者，本也；财者，末也。"古人对金钱并没有看得很重，反而是排在德行之后，古人拥有的是"天下"，是"胸怀"，而这些都不是金钱所能主宰的。大学时期是大学生金钱观形成的重要阶段，高校更应该通过传统文化的教育，使学生感受到德行才是重要的，而且，诸葛亮《诫子书》中也提道："静以修身，俭以养德。"因此，对于消费欲望膨胀的学生，也应该用传统文化精神加以引导，在有形无形中使其形成正确的金钱观。

传统文化源远流长，在历史的长河中，不断升华凝练，充满了诸多治国、修身、齐家、正心的大智慧。这些精华内容，顺应时代潮流，与时俱进，始终保持着顽强和持久的生命力，铸就中华文明精神内核的实质。在特定的历史背景下，传统文化的修养理论成为人们维护正义、坚守家园、热爱民族的灵魂与精神支撑。在历史的长河中，中国传统人格观造就过舍生取义、保家卫国、正气凛然的民族英雄。传统文化对一个国家、一个民族具有非凡的意义，一个民族如果没有了自己的文化，如同涸辙之鲋，民族消亡就在旦夕之间。传统文化对个人人格的养成具有重要的意义，我国各高校对大学生人格的培养应该立足在中华优秀传统文化之上。随着经济全球化的发展，各种文化和思想意识相互碰撞，在大学生的日常生活中充斥着各种各样的价值观，在这样的时代背景下，我们更应该加大对中华优秀传统文化的弘扬力度。

第四章 中国优秀传统文化融入高校人才培养的策略

第一节 高校人才培养现状

一、人才培养方案制定的现状及分析

（一）高校领导者未建立起一套完善的优秀传统文化教育机制

随着经济的进一步发展，社会对人才需求的增加，以及高校扩招的改革，大学生这一群体的数量不断增加，从以前的少数变成了随处可见的大多数，而社会资源毕竟有限，这就造成了僧多粥少的局面，毕业生的就业形势不容乐观。

我国的高校有着明显的分级，有"优等学校"与"普通学校"之分，更加剧了大学生就业的困难性，造成了优等学校的毕业生眼光高、普通学校的毕业生没人要的尴尬局面。有些高校为了提高就业率，获得更多的生源，也渐渐地开始向市场靠拢，从之前的学术探讨变成了技能学习，使大学生接受不到优秀传统文化教育，对传统文化存在认识上的不足与偏见。

近年来，我国高校人才培养方案中，对学生的培养目标均是人文素养的提高与专业技能的掌握，在课程分配上，师范类以及文科类专业的学校通识课与专业课的比例差距并不是特别大，而部分理工科学校的专业课比例超过70%，可以理解，理工科所学的理论必须与实践相结合，因此专业课程安排较多。虽然传统文化的讲座、活动等增多，说明高校的文化意识有了提高，但是高等学校仍未建立起完善的优秀传统文化教育制度，政策上的偏倚及资金不能到位导致与传统文化相关的教学资源更少。甚至有部分高校为了加强学生的技能教育，取消了书法、经典诵读课，因此，优秀传统文化教育未能在高校制度化，高校人才培养就失去了制度保障。

（二）高校教师传统文化知识根基薄弱，教师队伍质量参差不齐

教师是教育过程中的主体，是知识的传授者。课堂教学是传播传统文化的主阵地，因此，教师作为教育过程中的关键要素，一方面决定了优秀传统文化教

育是否能够开展,另一方面决定了优秀传统文化教育开展的质量。

首先,高校优秀传统文化教育的教师数量不足。在高校或者学术界,对传统文化造诣颇高的学者寥寥可数,当然这种现象并不是学者本身能力有限,而是我国传统文化的时间跨度太长,上下五千年,内容之多并不是一朝一夕可以得出成果的。而且,许多学者和教师年龄并不大,许多高校教师面临着家庭、工作、经济上的压力,相对来说,愿意研究传统文化的教师还是比较少的。

其次,高校教师的传统文化素养不高。由于当前国家政策上对优秀传统文化教育有倾斜,因此,现如今也有许多学者提出,将传统文化与高校的德育课相结合,而大部分的德育课仍然是《思想道德修养和法律基础》等,这些课程其实并没有包含太多的传统文化精神,讲授这几门课的教师未必具有传统文化素养。而且高校教师如今正年轻化,他们作为学生时就没有接受过优秀传统文化教育,况且许多年轻教师也没有经历过相关历史时期,对传统文化的敏感度不够,因此,传统文化素养有待提高。

二、高校课程目标的现状及分析

(一)重智育,轻德育

在我国教育发展过程中,德育的地位逐渐下降。在古代,教育的唯一目的即道德,道德教育贯穿于整个教育过程的始终。《论语》有云:"行有余力,则以学文。"这里的"行"即道德,即主张道德教育在文化教育之前;王夫之也提出"好学""力行""知耻"三个步骤,特别强调"知耻"是"好学"和"力行"的动力,两者都强调思想道德教育的重要性。但是随着工业文明的发展,理性逐渐占据教育的主导地位,德育也经历了由非理性德育向理性德育的转变,而高校同时肩负着培养社会发展所需要的人才的责任。在学校的教学环节,智育的地位逐渐重要,同时,国家也提出了素质教育的发展方针,提倡学生的全面发展,所以学校教育逐渐形成了智育、体育、德育三个方面。美国教育学家杜威曾指出:"道德的目的应当普遍存在于一切教学之中,并在一切教学中居于主导地位,不论是什么问题的教学。如果不能做到这一点,'一切教育的最终目的在于形成品德'这句人尽皆知的话就成了伪善的托词。"因此,德育仍然是教育的灵魂,而知识的传授教导也只是为了更好地实现道德教育。

具体到我国高校的人才培养方案中,以经济建设为中心的国家发展方略,促进了效率优先风气的发展,教育界也是如此。相比智育,德育的周期较长,效果也更缓慢,因此学校的重视程度也随之下降。高校的职能之一是人才培养,这里的人才不仅仅是指掌握专业知识、能够适应经济社会发展的人,更应该是能够学会做人、学会做事、学会学习和学会与他人共同生活的人才。教学要尊重完整的人格，符合人的天性，只有这样，道德才能成为人内心的一种自由意志，否则只是一种服从外界规则的道德行为。因此，在人才培养过程中，德育不应该只是从学科理论教导方面来进行，更应该从教师的角度，为学生树立起榜样力量，同时将德育实践推广到学生生活中，通过强化的方法鼓励学生进行自我道德约束、道德教育，并且丰富课程内容，与传统文化相结合，进一步将我国传统文化中正确的价值观融入课堂及学生生活的方方面面。

（二）重科研，轻人文

中国是农业社会，古代以农耕经济为主，因此人文主义教育在中国历史上一直占有很大的比重，先秦至两汉时期，教育内容以礼乐为中心。随着朝代更迭，每个时期的教育内容都有所不同，但大多数仍然以"四书五经"为主，不论是教育内容还是治国方针，对个人的品德都极为重视。

随着社会的发展，片面追求科技经济的高增长所带来的弊端也日益显现，资源浪费、环境破坏、现代战争等社会问题不得不使人们开始反思当前的发展模式，认识到纯科技化的发展并不能使社会健康地发展，培养一种和睦相处、协调发展的人文精神，才是发展的长远之计。

由于我国的教育在发展前期受计划经济的影响，目前高校的人才培养方案中培养目标、教学内容、课程体系的设置完全贴合某个行业、某个专业的要求，培养出来的学生最大的特点就是"专业对口"，重书本轻实践、重科技轻人文，通识教育十分薄弱。即使在当今高等教育的改革阶段，这种体制僵局也很难打破。

（三）重国际化，轻本土化

"地球村"一词的提出，让我们感受到世界各国的距离正在逐渐缩短，市场、信息的共享程度加深，文化、思想的交流范围扩大，推动方方面面进入国际化，这一点在我们日常生活中可以真实地感受到，便利店取代了杂货铺，好莱坞电影的票房超过了本土影片，主流媒体将西方说唱文化搬上了荧幕。而我们的教育也不例外，许多省份的政府正在以政策支持教育国际化的发展，以期拉动城市化的进程。2017年初，国家启动的"双一流"战略，也是希望我国的大学与学科可以与世界一流大学比肩。中国教育融入国际化已经是大势所趋。

不可否认，国际化可以给学生提供更多的优质资源，可以优化配置教育资源，使中国教育"走出去"，提高我国的国际地位。当前许多人把国际化与本土化相对立，其实，教育国际化的本质就是文化输出，因此，输出的不应该只是科研成果，更应该是我们民族文化的精神，这些精神正是传统文化的精髓。但是，当前许多学者对教育国际化产生了误区，迷失了自身的文化信仰。

如今，高校里的许多学生与教师缺乏民族文化自信，认为本土化就是落后的、保守的。中国人与其他国家的人们的历史传统、文化背景、饮食习惯等都有较大的差异，一味地追求国际化并不能达到共赢的局面，教育也应该带有本土性与民族特色。对教育本土化正确的解读应该是参考本国教育国情，合理配置教育资源，并且这种本土化是随着时代不断成长的过程，是合理的存在。

三、课程结构的现状及分析

课程结构方面存在的主要问题是对传统文化的隐性课程挖掘不够。文化不同于物质，其本身具有潜移默化的特点，就像现在大学生努力地学习外语，但也并不可能如外国的孩童那样说得流利。张嘴即来的母语体现了文化潜移默化的特点，文化的这一特点在教育上仍然适用。

在高校教育中，教师口述身教的课堂教学或者运用理论的实践活动是教育的主要形式，这种直接的教育过程给学生的感受最为直观具体，除此之外，教育还有另一种容易被忽略的形式——隐性教育。《教育大辞典》中对隐性教育课程的定义是："学校政策及课程计划中未明确规定的、非正式和无意识的学校学习经验。"而著名教育学家杜威曾提出："有一种意见认为，一个人所学习的仅是他当时正在学习的特定的东西，这也许是所有教育学中最大的错误了。"因此，隐性教育更多的是强调受教育者在一种教育环境中，在无意识的状态下通过耳濡目染，潜移默化地接受知识，更体现了知识的一种融入。相比于显性教育，隐性教育具有非强制性与教育过程愉悦性的特点，因此，若想传统文化的精神更彻底地融入学生人才培养的过程中，在注重课堂教学改革的同时，也应该发挥隐性教育的作用。

国内部分高校已经意识到隐性教育的作用，因此希望通过校训、校歌、馆藏文物等形式引导学生产生对传统文化的热爱。而大部分高校则对隐性教育资源的挖掘不够，仅仅通过校园内部的几座雕塑、几句名言等进行引导，并不能完全发挥隐性教育的作用。

四、课程内容的现状

（一）优秀传统文化教育内容模糊，具有较大的随意性

现代许多大学生对于传统文化并没有过深的了解，而到了大学阶段，由于学校忽视了对传统文化的课程设置，学生对于优秀传统文化教育并未有明确清晰的认识。

从培养方案的课程设置来看，大部分高校也并未专门开设某一具体课程以教授传统文化，仍然以讲座的形式进行，但是这种非强制性的形式带有很大的不确定性：一方面，由于讲座等形式的内容并没有明确的规定，因此传递传统文化哪一方面的知识并不确定；另一方面，由于非强制性，因此时间地点的选择也具有一定的随意性。如此一来，学生们虽然接受到了优秀传统文化教育，但是内容却是零零散散的，对传统文化也只是有了一个大概的轮廓，并未能形成知识体系，这样并不能完全发挥传统文化的教育作用。

（二）传统文化教材不固定，学科逻辑性不强

当前我国一部分高校对优秀传统文化教育以讲座论坛、学术沙龙的形式进行，没有固定的课程，也没有固定的教材，虽然有些高校开设了"经典诵读"这些课程，但教材也是以《道德经》等经典著作为主。

我国传统文化的时间跨度较大，并且内容丰富，当今学术界精于传统文化研究的学者在数量上也比较少，而将传统文化比较系统地编撰成可供当代大学生研读学习的教材的则更少之又少了。由于现阶段高校传统文化的教育形式是非强制性的，并未课程化，因此，高校的优秀传统文化教育并没有固定的教材。

若仅以传统经典著作为教育依据，并不能使学生们将所有关于传统文化的知识变成一种内化的学科体系，更多的是流于表面的一知半解，而这种知识也会随着时间而被淡忘，传统文化的教育无法实现其应有的价值。

第二节 中国优秀传统文化在高校人才培养方案中的有效融入

一、在教学及课程管理中的有效融入

（一）高校领导者树立起正确的优秀传统文化教育观，完善相关制度

近几年，教育部出台的相关文件，都从国家政策层面肯定了传统文化的教

育价值，而高校教育得以顺利进行，与教师、学生这两个要素密不可分，同时，高校领导者也是必不可少的。我国的高校尚未进行"去行政化"的改革，因此，学校的发展方向、培养目标等由领导者制定，而要使传统文化能融入学生的培养方案，关键在于制度上给予充分的支持。高校领导者在制定相应的目标规划时，应该充分学习教育部的相关文件，保证传统文化实施的课程、教材制度化，建立健全优秀传统文化教育体系，比如强制规定开设关于传统文化的课程，学校自发编写有趣味性的传统文化教材，并且可以与各高校交流，学生会等学生组织定期举行一些传统文化的学生活动，邀请传统文化大家来校举办讲座，激发学生的兴趣。只有高校在制度上对优秀传统文化给予支持，才能充分发挥优秀传统文化精神对学生发展的教育价值。

（二）加强师资队伍建设，提高传统文化底蕴

古代的教育过程中，在强调学生与教师知识传递的同时，更加注重教师以其自身的言行影响学生。作为传统文化中的集大成者，孔子尤为注重身教的作用，《论语·子路》提到："其身正，不令而行；其身不正，虽令不从。"说明教师与学生并不是完全对立的关系，而是互相学习的关系，教师在教授知识的同时，更应该以身作则地感化学生。孟子也提出了"教者必以正"（《孟子·离娄上》）。近代教育学家陶行知先生，同样肯定教师的教化作用，他强调"身教重于言教"。因此，在教育的过程中，教师自身的文化底蕴也是非常重要的。区别于基础教育，在高等教育阶段，学生已经形成了较完整的价值观念与判断标准，可以自己独立区分事物的好坏、善恶，因此，高校的教师更应该注重自身的修养，否则会使学生产生怀疑甚至排斥心理，影响教学质量，应该以一种自发性的热爱进行教学，树立起自己的民族文化信仰，以真诚感染学生，以知识教导学生。

苏联教育家苏霍姆林斯基曾说："人只能由人来建树。"因此，各高校应该组织教师进行传统文化学习，这种学习不应该是强制性的、枯燥的文件精神学习，应该以比较多元的形式，使教师认识到优秀传统文化的精神所在，并将其应用到教学中才能够收获到令人满意的结果。因此，一方面，教学工作者应该加强自身对传统文化知识的掌握，这种知识是日积月累的过程，并不是硬性规定背几首诗词等，应利用集中学习与教师空闲的时间进行积累；另一方面，教学工作者应该提高自身的创新能力以及运用科技的能力，改变单一讲授式的教学，运用多媒体等形式，让学生更好地融入课堂，更好地理解传统文化。

（三）高校应加大对优秀传统文化教育的资金支持

学校各项工作的进行、目标的实现、教师的教学、教材的编写，每一项都需

要资金的支持,资金多少决定了一个项目、一门学科的发展规模。所以,在高校加强优秀传统文化教育的过程中,除了政策、教师,资金的支持也是必不可少的。

教育的过程是由教师与学生组成的双向传递过程,因此,高校在加大传统文化资金支持时应该将二者充分考虑,不能仅支持教师或者只设立相应的奖学金,因为但凡其中一方失去了对传统文化的积极性与主动性,那么整个教育过程也无法进行。

首先,从教师的角度,政府和高校应该加大与传统文化相关的科研项目的支持。一方面,适当延长传统文化相关研究项目的周期,加大对其的资金支持;另一方面,通过在培养方案中明确阐明传统文化的作用来激励教师达到教学目标。

其次,从学生的角度,高校应该从课上与课下两方面着手。课堂学习通过设立小额的奖金来激励优秀的传统文化学习者,课下活动则是通过多组织一些关于传统文化的学生活动,如"诗词大赛""汉服设计"等,使学生意识到传统文化其实就在我们的日常生活中,同时组织优秀的学者来校举办讲座等。

最后,学校也应该充分发挥隐性教育的作用,充分发挥环境对人成长的作用,通过更新硬件设备,或者在学校中专门设置传统文化的角落,等等,给学生以潜移默化的影响。

二、在人才培养方案制定实施中的有效融入

(一)课程类型的融入:强化基础课程,同时重视隐性课程

课堂授课教学是高校教育进行的主要形式,而基础课程则是学生们获取知识的主要途径,也是培养学生科学文化素养的主要渠道,其传递的则是每个专业所必备的理论或实践的相关知识。而在本科教育阶段,教师的主要任务仍是教学授课,因此,教师对于基础课程的教学格外重视,从备课开始,到授课的内容、呈现的方式以及最后的考核,都是经过深入思考的,以期学生能够形成一套知识体系。

而在基础课程中,优秀传统文化教育所占比例则是少之又少,大多数以德育课的形式体现,部分高校甚至没有开设相关的基础课程,因此,要使学生形成关于传统文化的知识体系,建立文化自觉与自信,就需要将其融入基础课程的教学,一方面,对教师而言,也可以更加细致地学习相关文化,提高自身的传统文化素养,另一方面,对学生而言,也能够通过强制性的方式使其接受传统文化,进一步发挥教育的作用。

在增加基础课程的基础上,也应该重视隐性教育的作用,它的融入式、陶冶式、隐蔽式的育人方式对大学生的思想道德、人生价值理念的形成产生着重大

影响。因此，学校应该营造一种文化氛围，将文化赋予民族特点，让学生在潜移默化中建立文化自信。此外，还可以设置一些趣味性的海报、雕塑、格言等，让学生们意识到传统文化并不是落后的、固执的、守旧的，能够体会到传统文化的时代精神。通过隐性教育的形式，淡化了教育痕迹，有助于消除学生对传统文化的误解，取得事半功倍的育人效果。

（二）课程结构的融入：开发传统文化课程，弘扬国粹精髓

中国国粹，是中国所特有的，是文化中最具代表性精髓的一部分，是传统文化具象化的一种形式，包括一些具有历史意义的文化典籍，以及一些文化活动等。

使国粹融入人才培养的方案，应该从课程方面着手，可以开设相应的选修课，比如京剧、太极、武术、中医理论等，通过选修的形式，没有考核的负担，以激发学生的学习兴趣，课程并不需要非常精深，使学生了解感受这些国粹即可，通过这种形式来增强学生的民族自信心。这些国粹课程应以实践课程为主，让学生通过自己的行动来真切地感受传统文化，通过激发学生的学习兴趣，引导学生以自己的已有知识和经验为基础主动进行新知识体系的建构活动。

（三）课程资源开发的融入：挖掘其他课程的传统文化因子

优秀传统文化教育可以作为一门学科进行教学，但这并不意味着要与其他学科割裂，由于其是一种文化，因此，可以与高校的任何一门课程相结合。有些学者认为这会对学生接受其他课程的知识产生不利的影响，实则不然，传统文化讲求的是一种文化的精神，其中包括求学的态度，如"知之为知之，不知为不知，是知也"（《论语·为政》）；对待老师的态度，如"是故弟子不必不如师，师不必贤于弟子"（韩愈《师说》）；以及"大学之道，在明明德，在亲民，在止于至善"（《大学》）的治学态度，可以以精神的形式融入其他课程包括专业课程的领域。同时，传统文化中也有许多流传至今的实用课程，可以在讲述相关课程时，代入古代的经典创作。

比如，在建筑学的学习中，可以向学生介绍苏州园林、赵州桥、故宫等经典建筑；或者在医学课程的教授中，向学生介绍《黄帝内经》《本草纲目》《伤寒杂病论》、张仲景、华佗等内容；在学习物理课时，向学生介绍地动仪等；在学习数学课时，向学生介绍《九章算术》等。不需要学生对这些知识进行细致的学习，只需通过一系列的描述介绍，激发学生的爱国情感和文化自信，加深学生对传统文化的了解即可。

三、在人才培养方案评价中的融入

（一）建构多维评价体系，培育文化创新意识

评价是教育过程的重要环节，也是促进教学的重要保障。高校优秀传统文化教育课程评估标准的制定与课程的实施方式紧密相关，如采用新增传统文化科目的方式开设相关课程，将需要制定一整套相应的评价指标；如采用融入现有的相关学科课程的方式进行优秀传统文化教育，则需要结合各学科的课程标准确定评价方式。另外，中国优秀传统文化内涵丰富，表现形式多样，其教育评价方法还应与不同的教育内容特征相适应。应通过建构多维评价体系，培育文化创新意识。

（二）强化过程性评价，明确评价主体

就课程评价方式而言，以期末闭卷考试为代表的终结性评价，无疑可在一定程度上考查学生对传统文化知识的掌握，促进其学习。然而，这种方法显然难以激发大学生的学习兴趣，难以增进其创新能力。因此，多种过程性评价更应被广泛采用。例如，可以从学生的课堂发言、调查报告、课程论文中，观察学生是否真正动手查阅、搜集了相关资料，是否将传统文化与现实社会相结合进行理性、辩证思考，是否表现出文化创新意识，等等。只要学生态度端正，能够认真完成任务，得出的结论符合传统文化的基本精神，即应获得认可。

因此，在评价主体方面，除教育主管部门、教师参与评价之外，还应让学生家长、学生本人成为评价的主体，将学生自评与他人评价相结合。在评价过程中，教师及其他评价主体应及时反馈评价结果，以便学生改进，同时还应鼓励大学生主动参与自评和互评，提升其自我反思和批判性思维的能力。

第五章　新时期中国优秀传统文化融入高校人才培养全过程的实践思路及内容

第一节　中国优秀传统文化融入高校人才培养全过程的实践思路

一、明确实践的必要性

（一）落实立德树人根本任务的需要

立德树人思想由来已久，很早就受到重视。《左传》中说："太上有立德，其次有立功，其次有立言，虽久不废，此之谓不朽。"古人把"立德"放在"三不朽"的首位，由此可知，"德"的重要性。《管子》曾言："一年之计，莫如树谷；十年之计，莫如树木；百年之计，莫如树人。"这是强调，培养人才是长久之计。"'德'不能自然萌生而需要'立'，'人'不能自发成才而需要'树'。""立德"的目的在于"树人"，"树人"的前提在于"立德"。由此可知，"德"影响着、促进着"人"的发展。

随着社会的发展变革，世界范围内各种思想文化的交流交融交锋更加频繁，意识形态领域的斗争更加尖锐复杂，社会上的一些不良思想和行为误导了大学生的认知，影响了大学生对"德"的判断和理解。

中国优秀传统文化中包含大量的传统美德，如自强不息、敬业乐群、扶危济困、见义勇为、孝老爱亲等，传统美德蕴含着现代社会所需要的社会公德、职业道德、家庭美德和个人品德因素，有益于改变和修正大学生错误的道德认识，有益于培养大学生的良好道德，为"树人"提供前提。

（二）培育社会主义核心价值观的需要

中国优秀传统文化是社会主义核心价值观形成和发展的肥沃土壤，社会主义核心价值观植根于中国优秀传统文化。因此，培育大学生社会主义核心价值观就需要对他们进行中国优秀传统文化教育。

中国优秀传统文化中蕴含着大量的家国情怀、社会关爱和人格修养内容，这些内容对培育大学生社会主义核心价值观个人层面的价值准则大有益处。

"爱国"是社会主义核心价值观个人层面的价值准则，也是中国优秀传统文化中永恒的话题。在中国优秀传统文化中，家、国是一体的，它的情感是由"家"及"国"，把爱"家"之情感与爱"国"之情感融为一体，因此被称为家国情怀。在大学生中加强家国情怀教育，有益于培育爱国的价值准则。当然，爱国不仅是一种感情、责任，也是一种志向，因此，在大学生中开展立志笃志的人格修养教育，也有助于培育爱国的价值准则。

"敬业"是一种价值准则，也是人格修养的重要内容。《诗经》中就要求人们"夙夜在公"，这是对"业"的尊敬。"敬业乐群""业精于勤"等，都是与此类似的论述。总之，加强人格修养教育有益于增强敬业价值准则的培育。

"诚信"既是价值准则，也是崇德向上人格修养的重要内容。中国优秀传统文化中对诚信价值准则早有论述，"诚者，天之道也"（《孟子》）"人而无信，不知其可也""与朋友交，言而有信"（《论语》）就是例证。这些论述是社会主义核心价值观之诚信价值准则的深厚文化土壤。因此，加强崇德向上的人格修养教育有益于培育诚信的价值准则。

中国优秀传统文化对"友善"价值准则也早有论述。"善者吾善之，不善者吾亦善之"（《道德经》）就是例证。但友善价值准则的建立是需要基础的，这个基础就在于对他人要施之以"爱"。人与人之间要关爱，要能够做到"仁者爱人"；人与自然之间也需要关爱，要能够做到"天人合一"。因此，在大学生中加强社会关爱教育有益于大学生友善价值准则的培育。

（三）培养正确世界观、人生观、价值观的需要

"世界观、人生观、价值观教育是思想政治教育最根本的内容。"中国优秀传统文化教育有益于大学生正确世界观、人生观、价值观的培养。

世界观是人们对于世界的总的看法和根本观点。世界观可以分为唯物主义和唯心主义两类，这两类是根本对立的世界观。我们所培养的马克思主义世界观是科学的世界观，是辩证唯物主义和历史唯物主义有机统一的世界观。中国优秀传统文化与马克思主义世界观有融通之处。范缜的"神即形也，形即神也。是以形存则神存，形谢则神灭也！"（《神灭论》），是明显的无神论思想。张载言"太虚即气"，王夫之指出："阴阳二气充满太虚，此外更无他物，亦无间隙。"（《张子正蒙注》）黄宗羲说："草木之荣枯，寒暑之运行，地理之刚柔……夫孰使之哉？皆气之自为主宰也。"（《明儒学案》）这些思想与世界的物质统一性原理可以融通。老子讲"有无相生，难易相成，长短相形"，这些思想与辩证唯物主义的世界观趋于一致。正由于二者的相互融通性，因此，我们可以通过中国优秀传统文化教育，培育大学生正确的世界观。

第五章 新时期中国优秀传统文化融入高校人才培养全过程的实践思路及内容

人生观是对人生目的和意义的根本看法与根本态度。正确的人生观需要有认真、务实、乐观、进取的人生态度。立志笃志的人格修养教育以及崇德弘毅人格修养教育中的"刚健有为"思想都有益于培育这种人生态度。"天行健，君子以自强不息"（《周易·乾卦》）、"刚健笃实"（《周易》）、"知其不可而为之"（《论语·宪问》）、"锲而不舍，金石可镂"（《荀子·劝学》）、"老骥伏枥，志在千里"（《龟虽寿》）、"有志者，事竟成，破釜沉舟，百二秦关终属楚；苦心人，天不负，卧薪尝胆，三千越甲可吞吴"等就是刚健有为思想的写照，这些思想有益于培育大学生积极进取的人生态度。

"价值观是指人们在对周围事物能否满足个人或社会某种需要进行评判时所持的观点"，我们所培养的是集体主义价值观，实质上，它是一种以人民群众为价值主体的价值观，它反对个人主义的价值观。为此，就需要正确处理义与利的关系，因为只讲利不讲义，就会利欲熏心、私利膨胀，导致个人主义的价值观。人格修养教育中的传统义利观对义与利的关系进行了明确的解读，"见利思义"（《论语·宪问》）、"不义而富且贵，于我如浮云"（《论语·述而》）、"君子义以为上"（《论语·阳货》）等就是例证，这些思想强调要见利思义、取利合义。中国优秀传统文化中的义利观有益于摆正义与利的关系，对培养大学生正确的价值观大有益处。

总之，中国优秀传统文化中蕴含着培育大学生正确世界观、人生观、价值观的资源，有益于培育大学生正确的世界观、人生观和价值观。正如习近平总书记所说："中国传统文化博大精深，学习和掌握其中的各种思想精华，对树立正确的世界观、人生观、价值观很有益处。"

（四）树立正确生命观的需要

自古以来，中国优秀传统文化就重视生命关怀，人们关爱生命、尊重生命、敬畏生命、善待生命。因此，牟宗三先生在《中西哲学之会通十四讲》中曾说："中国文化之开端，哲学观念之呈现，着眼点在生命，故中国文化所关心的是生命。"牟宗三先生的话是不虚的。孔子的马厩失火了，他退朝回来，首先问"伤人了吗？"。这是圣贤对人的生命的无限热爱与敬畏。孟子在性善论的基础上，提出了"仁政"学说。他希望统治者行"王道"，通过分给每家"五亩之宅""百亩之田""制民之产"，养蚕、养家畜等，达到"乐岁终身饱，凶年免于死亡""老者衣帛食肉，黎民不饥不寒"。（《孟子·梁惠王上》）尽管这是一种田园牧歌般的生活图画，但它说明了，关爱天下黎民百姓生命是中国优秀传统文化亘古不变的话题。荀子也说："人有气、有生、有知，亦且有义，故最为天下贵也。"（《荀子·王制》）道教虽是建基在神仙信仰基础上的中国本土宗教，但它却包含关爱生命的思想。《太平经》已经认识到，元气即为宇宙生化的本源，天地万物即由此而化生，人的生命体也无非是宇宙生命体的缩影。因此，道教"力图借把握宇宙大化的生命力而成就生命追求"。佛教学说中包含着重视生命关怀的思想。佛教把"杀生"定为"十恶"之首。当然，佛教所谈论的"生"并不仅指人的生命，也包括了其他的生命。不杀生本身就体现了对人生命的重视。佛教学说提倡的"一失人身，万劫不复"，也说明了这一点。传统文化中的诸多思想都体现了对人的生命的重视，要求人们珍惜生命。大学生可以从中国优秀传统文化中寻找到生命的智慧和生存的意义，善待自己和他人，形成正确的生命观。

（五）增强文化自信的需要

文化自信是有来源的，中国优秀传统文化就是其重要源头之一。中国优秀传统文化拥有讲仁爱、重民本、守诚信、崇正义、尚和合、求大同的社会主张，包括天下兴亡、匹夫有责的担当意识，精忠报国、振兴中华的爱国情怀，崇德向善、见贤思齐的社会风尚，孝悌忠信、礼义廉耻的荣辱观念，以及自强不息、敬业乐群、扶危济困、见义勇为、孝老爱亲的道德主张。这些理念、智慧、气度和神韵使得中国优秀传统文化在世界上是独一无二的，这可以增添中国人民和中华民族内心深处的自信和自豪。

尽管中国优秀传统文化有如此的魅力，但大学生在求新、求奇、求变思想的驱使下，对中国优秀传统文化的关注度还是不够的，当前大学生对优秀传统文化知识的储备还是不充足的。这无论是在日常生活中，还是在调研中，都表现得很明显。在日常生活中，有的大学生能说一口流利的英语，但却看不懂文言文；有的大学生对影视明星津津乐道，但却不知王夫之、顾炎武何许人也，更有甚者，甚至不知道孙中山；有的大学生钟情于西方的圣诞节、情人节，但却对清明节、端午节等传统节日不屑一顾，更不懂得中华传统节日的来历。试想，对中国优秀传统文化知之不多的大学生，如何树立起文化自信，如何增强做中国人的"底色"？"中国优秀传统文化是中华民族的'根'和'魂'""中国优秀传统文化是中华民族的精神命脉"。因此，在大学生中开展中国优秀传统文化教育，有助于改变大学生中国优秀传统文化底蕴不足的现状，可以涵养他们的民族精神，加强他们内心深处的认同感，提高他们的文化自信。

第五章　新时期中国优秀传统文化融入高校人才培养全过程的实践思路及内容

二、确定实践原则

（一）以人为本原则

以人为本"是指在思想政治教育中要尊重人、理解人、关心人、帮助人，广大人民群众的生存和发展需要（或根本利益）是思想政治教育的基本立足点和最终归宿"。尊重人就是"要尊重人的需求、兴趣、创造和自由，要平等待人，在平等的基础上双向互动，进行思想沟通"。理解人就是要理解人的所思所想，思想政治教育的内容只有关注人的所思所想，才能够解决人的思想问题和实际问题，思想政治教育才能充分释放能量，它的效力才能长久。"关心人主要是要关心人们的生活，关注人们的现实需求，通过感受、体验、感染，使人们在情感共鸣和潜移默化中转变思想观念，提高思想认识。"帮助人就是要对人施以援助，这种援助既可为物质上的，也可为精神上的。以人为本强调：人是社会发展的目的，思想政治教育就是要答疑解惑，从而解放人、发展人。

以人为本有其现实依据。主要在于我国社会实践与发展现实中，对核心为以人为本的科学发展观的贯彻落实，并因此使国家社会经济、政治、文化和教育等所有事业取得重大成功。中国共产党带领全国各族人民进行了社会主义革命、建设和改革，并取得了巨大成就，其实质就在于要实现好、维护好、发展好最广大人民的利益，这是以人为本的现实依据。

以人为本也有其哲学依据。马克思主义哲学始终强调，人的问题是马克思主义哲学理论的出发点和归宿。《共产党宣言》指出："代替那存在着阶级和阶级对立的资产阶级旧社会的，将是这样一个联合体，在那里，每个人的自由发展是一切人的自由发展的条件。"《德意志意识形态》也指出："全部人类历史的第一个前提无疑是有生命的个人的存在。这些个人就是'现实的个人'。"由此可以看出，马克思主义哲学始终强调人、关心人、爱护人。虽然，马克思主义经典作家没有使用"以人为本"这个词语，但以人为本的理念是内在于马克思主义哲学之中的，因此，马克思主义哲学也是以人为本的哲学依据。

中国优秀传统文化教育也需要坚持以人为本的原则。高校教育者只有坚持以人为本，大学生才能对高校教育者所传授的中国优秀传统文化悦纳接受，进而内化。另外，大学生在日常生活中，也有很多思想问题和实际问题需要解决，也需要得到别人的尊重、理解、关心和帮助。中国优秀传统文化中拥有很多可以解决大学生实际问题的微言大义，它可以化解大学生的心结，使大学生心胸开阔，让大学生感受到心灵上的温暖。这就要求高校的教育者要能够并善于运用这些微言大义，把中国优秀传统文化的人文关怀力量传递给受教育者。要使大学生感受到中国优秀传统文化不仅是书本上的理论,也能够在生活中温暖他们、帮助他们,从而使中国优秀传统文化在大学生心中生根发芽,茁壮成长。

(二)创新原则

"创新是一个民族进步的灵魂,是一个国家兴旺发达的不竭源泉。"文化的发展也需要创新。在历史的长河中,包含着许多继承与发展的链条。创新赋予了文化进步的灵魂,文化也因为创新而不断进步。文化如果失去了创新,将停步不前,从而窒息自己的生命力,成为一潭死水。

中国优秀传统文化虽具有滋养大学生思想政治品德素质的丰富资源,但不可否认的是,中国优秀传统文化都有其产生的时代背景,都会打上时代的烙印,从而缺乏现代社会的气息,这不利于大学生对它的接受。这就要求高校的教育者要从辩证唯物主义和历史唯物主义的视角出发,对中国优秀传统文化"秉持客观、科学、礼敬的态度",既不复古泥古,也不简单否定,不断赋予中国优秀传统文化"新的时代内涵和现代表达形式",不断补充、拓展和完善,使其与当代文化相适应、与现代社会相协调。一句话,高校中国优秀传统文化教育需要坚持创新原则。

其实,大学生对创新的中国优秀传统文化是喜欢的,是愿意接受的,并把它融进自己思想之中。大学生也懂得:文化是民族的血脉,中国优秀传统文化是中华民族之根。他们内心深处并不抵触中国优秀传统文化,《百家讲坛》即是例证。

(三)主体原则

唯物辩证法告诉我们,外因要通过内因才能起作用。因此,高校中国优秀传统文化教育要取得效果,就不能只强调教育者的作用,更要突出被教育者的作用,尤其要突出受教育者的主体性地位,换言之就是要突出主体原则。"所谓主体原则,实际上就是主体转化原则,指作为思想政治教育主体的教育者,将教育对象视为实现教学目标的主体,充分尊重其主体地位,通过调动教育对象的自主积极性实现思想政治教育的目标的原则。"坚持主体原则的有效运用,有利于被教育者培养自我教育的能力,自觉内化教育内容,从而实现由他教向自我教育的转化。

主体原则的实现,除了需要教育者加强教育、引导之外,更需要调动被教育者的积极性。调动被教育者积极性的方法有很多,其中一个重要方法就是满足被教育者的需要。为此,就要从被教育者的需要角度出发,加强引导。心理学表明,需要引起动机,动机支配行为,由此可以看出"需要是推动人类行为活动的原动力"。中国共产党思想政治教育工作成功的重要原因之一,就在于它从人的需要出发。它是具体的，是富有生活气息的，而不是从抽象的人性论出发。党的十三大提出了社会主义初级阶段的目标：把我国建设成为富强、民主、文明的社会主义现代化国家。这个目标之所以长期得到人民的支持和拥护，并非只因为它是中央的号召，更重要的是，这是当时乃至中国较长时期内人民的需要，它说出了人民的心声，也调动了广大人民工作的热情，使人民的需要从被动走向了主动。教育工作也是如此，满足被教育者的需要，有利于主体原则的实现。

中国优秀传统文化有益于提升大学生的思想政治品德素质，这一点是无可辩驳的。但"有益于"并不等于大学生能够接受，或者说愿意接受。这就是说，对大学生进行中国优秀传统文化教育，要重视和了解大学生的需要与动机，从大学生的情感、发展、成就等需要角度入手，建立起大学生对中国优秀传统文化的需求模式。通过这种需求模式，大学生才有激情和动力去探讨中国优秀传统文化，中国优秀传统文化才会被"激活"，其功效才能凸显。实质上，这就是对主体原则的积极运用。也就是说，对主体原则的运用，有助于大学生自觉、主动地接受中国优秀传统文化，从而实现思想政治教育的效果。

（四）渗透原则

渗透原则是思想政治教育的重要原则。"所谓渗透原则，指思想政治教育要遵循人的思想受'综合影响'形成'渐次发展'的规律，把思想政治教育渗透到经济工作、业务工作中去，与各项具体工作有机地结合起来，融合各种教育因素与中介，通过潜移默化的形式循序进行。"这一定义告诉我们，渗透原则是运用多种方式和多种教育因素，引导受教育者接受教育内容，并内化为心，外化为行。这种教育并非是外力的强加，而是在自觉领悟基础上的自我教育。

根据教育因素、教育方式的动态性和静态性，我们可以把渗透原则分为静态性渗透原则和动态性渗透原则。静态性渗透原则就是通过橱窗、名人塑像、宣传栏、教室和宿舍的设计布局等教育因素、教育方式，向大学生无声地诉说思想政治教育的内容。动态性渗透原则就是指通过各种活动，如升旗活动、参加社会实践服务活动、到爱国主义教育基地开展重温入党誓词活动等，把思想政治教育的内容渗入其中，让活动说话，达到思想政治教育的目的。

在思想政治教育中，坚持渗透原则，有着积极的意义。首先，有利于消除大学生的逆反心理。这从渗透性原则载体的隐藏性和跨越时空性可以看出。渗透性原则具有隐藏性，它把思想政治教育的内容隐藏于大学生的学习、生活以及各种活动之中，以含而不露的方式向大学生弥散，使大学生在无意识的状态下，悄然接受。同时渗透性原则还具有跨越时空性，它打破了课堂的时空限制，这就使得渗透性原则下的教育是一种跨时空、无课堂、休闲式教育。这些特点都有利于大学生在"润物细无声"的方式下,接受思想政治教育的内容,避免了大学生的反感情绪,有利于消除大学生的逆反心理。其次,有利于形成思想政治教育的合力。提起思想政治教育,人们想到更多的是理论的讲解、引经据典式的劝导等,其实这是显性思想政治教育。除此之外,还有隐性思想政治教育。坚持渗透原则的思想政治教育就属于这一部分。因此,坚持渗透原则的思想政治教育有利于弥补显性思想政治教育的不足,与显性思想政治教育结合,形成思想政治教育的合力,共同实现思想政治教育的目标。

高校中国优秀传统文化教育,固然需要理论讲解等形式的显性思想政治教育,但长期的说教也会引起大学生的"疲倦",甚至"对抗",这就需要更换形式,用"柔"性代替"刚"性。渗透原则恰恰具有这种特点,这也使得渗透原则成为本课题研究的必需。

(五)示范原则

"所谓示范原则,是指思想政治教育要充分发挥先进典型和教育者自身的榜样作用,影响和感染受教育者,以促进思想认识与觉悟的不断提高的工作准则。"示范原则就是强调用榜样的力量感染、感化受教育者,以实现受教育者内化教育内容的目的。

在思想政治教育中,坚持示范原则有着积极意义。第一,有利于把抽象的道理具体化。高校思想政治教育的重要目标就在于提升大学生的思想素质、政治素质、道德素质、心理素质。不可否认,这些知识具有抽象性,即使向受教育者讲授很多,受教育者仍感到不直观、不具体、不易接受。示范原则却可以避免这种不足,它以现身说法的方式展示在受教育者面前,是鲜活的形象,具有无可辩驳的说服力。因此,它易于被受教育者接受,有利于使抽象的道理具体化。第二,有利于改变人们对社会现象的错误认识。随着社会的发展,社会中不可避免地存在一些丑恶现象,诸如言行不一、缺乏诚信等。但有些人把这些丑恶现象放大,误导大学生对社会的认识。以美好形象出现的榜样,有利于改变大学生的错误认知,有利于大学生认识社会的主流和支流,丑恶只是社会的支流,社会的主流是阳光的。

高校中国优秀传统文化教育,也需要坚持示范原则。坚持这一原则,可以让大学生直观地感受到中国优秀传统文化正面示范群体的魅力。同时,也可以让大学生认识到,中国优秀传统文化并没有过时,它仍扎根在人们心中。它对于提高大学生的思想政治品德素质、改进大学生的思维方式,具有重要的意义。

总之,大学生中国优秀传统文化教育可以采用以人为本原则、创新原则、主体原则、渗透原则和示范原则。

三、实践的主要方法

（一）说理教育法

说理教育法，就是通过阐释某种思想理论去说服人、教育人的思想政治教育方法。在这种方法下，教育者遵循"理论只要彻底，就能说服人"的基本理念，通过共享的话语系统，向被教育者阐释基本理论，训练被教育者的思维能力，升华被教育者的理论水平，从而促进被教育者思想素质的提高。由于说理教育法是以真理的力量感染、感化被教育者，因此，它易于被教育对象接受。

很早以来，说理教育法就为中国共产党人所认识和运用。邓小平在《动员新兵及新兵政治工作》中指出，新兵工作应"提倡合理的统御，采取更多的教育说服方式，推动新战士自觉地遵守纪律，努力学习"。毛泽东在《关于正确处理人民内部矛盾的问题》一文中，把正确处理人民内部矛盾的方法，归结为说理教育的方法。"凡属于思想性质的问题，凡属于人民内部争论的问题，只能用民主的方法去解决，只能用讨论的方法、批评的方法、说服教育的方法去解决，而不能用强制的、压服的方法去解决。""为着维持社会秩序的目的而发布的行政命令，也要伴之以说服教育，单靠行政命令，在许多情况下就行不通。"马克思主义者从来都认为无产阶级的事业只能依靠人民群众，共产党人在劳动人民中间进行工作的时候必须采取民主的说服教育的方法，决不允许采取命令主义态度和强制手段。

当然，"在说理教育法实施过程中，理论并不是从教育者向教育对象单向运动的，而是在教育者与教育对象的互动中得以交流、分享和发展的"。这是说，就其作用机制而言，说理教育法并不是单纯的"我打你通，我说你听"，而是融进了被教育者的思考、情感等因素。当教育者把相关理论通过语言系统传达给被教育者时，这些理论是否能被接受，要看被教育者的既有知识结构。如果这些理论契合了被教育者的知识结构，这些理论就能被顺利接纳。但如果这些理论与被教育者的知识结构不一致甚至相悖，就会引起被教育者的反思，被教育者也会调整、摒弃自己的知识结构，使新的理论充实进来，从而促进自身思想觉悟的提高。

说理教育法可以采用多种途径。理论讲解、聆听报告、讨论辩论、个别谈话、集体谈话等都是说理教育法的实施途径。我们可以根据不同的环境，采用不同的途径。

中国优秀传统文化的义理是深刻的，但它不会自动进入大学生的头脑之中。高校教育者要向大学生"讲清楚中华文化积淀着中华民族最深沉的精神追求,是中华民族生生不息、发展壮大的丰厚滋养;讲清楚中国优秀传统文化是中华民族的突出优势,是我们最深厚的文化软实力",这就需要高校教育者采用说理教育法。通过这种方法,教育者可以向大学生系统地讲解、传递中国优秀传统文化的义理,这有利于教育者把中国优秀传统文化的义理阐释清楚,也能够使大学生认知、认同这些义理,并把它落实在行动中。正是在这种认知、认同和行动中,升华了大学生的理论修养,提升了大学生的思想道德素质。

(二)实践锻炼法

"所谓实践锻炼法是指在教育者的指导下,通过有目的、有计划、有组织的实践活动,训练和培养受教育者的优良品德和行为习惯的方法。"这种方法有利于深化被教育者对所学理论知识的认知、认同,提高被教育者的思想觉悟,增强被教育者的认识能力。

实践锻炼法有其理论基础,马克思主义的实践观点就是它的理论基础。马克思主义的实践观点认为:实践是认识的来源,实践是认识发展的动力,实践是检验真理的唯一标准。毛泽东深知实践观点的重要性,他在《实践论》中指出:"如果要直接地认识某种或某些事物,便只有亲身参加于变革现实、变革某种或某些事物的实践的斗争中,才能触到那种或那些事物的现象,也只有在亲身参加变革现实的实践的斗争中,才能暴露那种或那些事物的本质而理解它们。"在这段话中,毛泽东要求人们要勇于参加实践,要善于参加实践。只有如此,才能深化人们对事物的认识,才能使人们从事物的现象深入到事物的本质。

虽然实践锻炼法是重要的,但它的作用的显现是需要借助一定形式的。社会调查、社会考察、参观访问、开展社会公益活动、开展各种比赛活动等都是实践锻炼法的有效形式。实践锻炼法也是大学生中国优秀传统文化教育的方法。中国优秀传统文化作为理论知识,要能被大学生接受,并用以培养他们高尚的思想品德,这并不仅仅是一个理论问题。如果大学生只是在认知层面对中国优秀传统文化知识进行了解,教育的效果也不会深刻。因此,高校中国优秀传统文化教育还是一个实践问题。通过实践锻炼,不仅能深化大学生对中国优秀传统文化的认知,而且也能固化大学生对它的认同,增强感悟,突出实效。

(三)自我教育法

自我教育法,"是指受教育者根据思想政治教育的目标和要求,在自我意识的基础上通过自我认识、自我体验、自我控制产生积极进取之心,主动接受先进思想和正确行为,形成良好的思想品德和行为的方法"。它的实质就是受教育者的自我教育。由于自我教育法强调了受教育者的自觉能动性,它能使受教育者

第五章　新时期中国优秀传统文化融入高校人才培养全过程的实践思路及内容

更加积极、主动地学习，更有利于实现思想政治教育的目标和要求。

内因和外因的辩证关系原理是自我教育法的重要理论依据。唯物辩证法告诉我们，外因是事物变化发展的条件，内因是事物变化发展的根据，外因要通过内因起作用。教育者的教育活动是否起作用以及起多大作用，并不完全取决于教育者，即并不完全取决于外因，还要看被教育者是否真正地接受了教育内容，被教育者是否进行了自我教育。也就是说，内因发挥着重要作用。只有被教育者实施了自我教育，把教育内容内化为心，并外化为行，教育者的教育活动才有意义。同时，被教育者自我教育能力的发展，又反过来促进他们自觉接受教育内容，巩固和提高教育效果。因此，教育活动是教育者与被教育者之间的双向互动过程，是内外因素共同发挥作用的过程。在这种活动中，只有充分发挥被教育者自我教育的作用，教育活动的效果才能充分显现。

当然，需要说明的是，自我教育可分为两种形式：个体的自我教育和群体的自我教育。个体的自我教育是受教育者通过自我学习、自我总结、自我反省等方式提高自我修养的方法。它包括自学、反思、自律等方式。群体的自我教育是在群体内部，各成员之间互相影响、互相启发、互相促进、互相帮助，群众自己教育自己的活动。它包括辩论会、集体讨论等方式。不管是个体的自我教育，还是群体的自我教育，其最终落脚点都在于提高受教育者的思想道德素质。

对大学生进行中国优秀传统文化教育，也需要采用自我教育法。因为中国优秀传统文化教育虽然离不开高校教育者的教育活动，但如果把取得效果的希望仅仅寄托在高校教育者身上，这是不现实的。大学生要发挥内因的作用，自我总结、自我反省、自我约束，并依靠自我的力量，主动接受中国优秀传统文化的内容，提升自己的思想道德品质。通过自我教育法所习得的中国优秀传统文化知识，大学生会把它记得更牢、理解得更为深刻，它对大学生的行为指导性也更为久远。

（四）感染教育法

"所谓感染教育法，就是人们在无意识和不自觉的情况下，受到一定感染体或环境影响、熏陶、感化而接受教育的方法。"它的依据就在于渗透原则。感染教育法可以使人们在不知不觉中接受教育内容，实现"润物细无声"的效果。尽管感染教育法有其好处，但是需要实施途径。具体如下：

一是情境感染。情境感染可分为外在既有环境感染和创设环境感染。外在既有环境可以为静态的，也可以为动态的。人是社会的动物，社会存在决定人们的社会意识，社会意识影响人们的行为。因此，高校教育者可以把中国优秀传统文化的基因注入外在既有的环境之中，从而影响被教育者。当然，高校教育者也可以创设新的教育情境，以实现高校中国优秀传统文化教育的效果。高校教育者可创设对话情境，即在轻松愉快的环境中，通过对话的方式，把中国优秀传统文化的内容传授给被教育者；也可采用游戏的方式，即把中国优秀传统文化的内容融入游戏之中，通过游戏的方式传递给被教育者。

二是行为感染。行为感染包括行为带动感染和人文关怀感染。行为带动感染，就是通过教育者的行为，带动被教育者效仿，达到思想政治教育的目的。具体而言，就是要求高校教育者带头实践中国优秀传统文化，用自己的行为感染大学生，从而实现中国优秀传统文化教育的目的。人文关怀感染就是教育者对被教育者施以关怀、爱护，使被教育者感受到来自教育者的温暖，从而自觉接受教育内容，实现思想政治教育的目的。具体而言，就是要求高校教育者关心大学生，爱护大学生，做大学生的知心朋友，使他们自觉围绕在高校教育者的周围。在这种人文关怀的背景下，大学生就会"尊其师重其道"，对高校教育者所实施的中国优秀传统文化的教育内容更加认同，就会把它们内化在心中，自觉化为行动的指南。况且，中国优秀传统文化中也有很多人文关怀的语言，因此，当高校教育者用这些话语对大学生进行人文关怀时，更加有利于大学生对中国优秀传统文化的接受。

第二节　中国优秀传统文化融入高校人才培养全过程的主要内容

一、家国情怀教育

《完善中华优秀传统文化教育指导纲要》指出，要"开展以天下兴亡、匹夫有责为重点的家国情怀教育"。通过这项教育，着力引导青少年学生深刻认识中国梦是每个人的梦，以祖国的繁荣为最大的光荣，以国家的衰落为最大的耻辱，增强国家认同，培养爱国情感，树立民族自信，形成为实现中华民族伟大复兴的中国梦而不懈努力的共同理想追求，培养青少年学生做有自信、懂自尊、能自强的中国人。

"家国情怀"就是对自己故土家园、自己祖国的深厚的热爱之情。历史上，中国很长时期是自给自足的农耕社会，限制了人们的活动区域，造成了人们活动区域的狭小，也使得人们视野狭隘。这种状况也形成了以血缘关系为主体的宗法专制社会。在这个社会中，家是国的基础，国是更大的家。也就是说，家国是同构的。因此，《大学》中强调"修齐治平"的家国情怀。一个人只有提高了自身的修养，才能整顿好家庭，而后才能治理好国家，最后天下才会太平，这是由个人而家庭、由家庭而国家、由国家而社会的展开。家国情怀实际上就是"将个人发展与家庭发展、国家发展、社会发展一体化"。它主动将家庭情感与爱国情感融为一体，"从孝亲敬老、兴家乐业的义务"走向了"济世救民、匡扶天下的担当"。它"既倡导以孝为先、由孝而敬的家庭伦理，又倡导'天下兴亡，匹夫有责'的民族担当"。因此，对大学生进行家国情怀教育，最基本的就是要对大学生进行孝老爱亲的爱家情怀教育和匹夫有责的爱国情怀教育。

（一）孝老爱亲的爱家情怀教育

家庭是家国情怀教育的逻辑起点。爱家情怀是对家庭强烈而真挚的感情，是对家庭责任的自觉承担。因此，爱家情怀是感情和责任的复合体。在家国同构的背景下，一个人只有首先拥有强烈的爱家情怀，才可能由此及彼，把这种情感和担当推及国家。

实质上，从一个人对家庭所履行的责任中，更能看出他对家庭感情的深厚。一个担负起家庭责任的人，不可能对家庭没有感情。反过来说，我们很难设想一个对家庭没有感情的人，会担负起家庭的责任。因此，对家庭责任的担当是检验一个人是否具有爱家情怀的重要标准。当然，家庭责任也是多样的，但最基本的责任就是孝老爱亲，要履行孝道。《孝经》说："夫孝，天之经也，地之义也，民之行也。"可见履行孝道也是天经地义之事。

中华传统孝道思想源远流长，它的内容也是博大精深的，主要包括如下：

1. 孝是家庭伦理之责

这是强调后辈要对父辈尽义务、尽奉养之责。从"孝"的词源来看，它是由"老"与"子"组成，就像一个曲背老人，手抚幼子之头，表示父祖与子孙的亲爱之情。《尔雅·释训》把"孝"解释为"善事父母"。《说文解字》也把"孝"解释为"善事父母者。从老省，从子，子承老也"。孟子也说："事，孰为大？事亲为大。"（《孟子·离娄上》）因此，对父母尽义务、尽责任是中华传统孝道的最基本内容。

对父母的奉养之责，首先是物质上的奉养、《孝经·庶人》强调要"用天之道，分地之利，谨身节用，以养父母，此庶人之孝也"。这句话是说，要利用自然的季节变换，认清土地的高下优劣，行为谨慎，节省俭约，以此来孝养父母，这就是普通老百姓的孝道。这种孝道实际上是物质的奉养。《战国策·楚策》也说："孝子之于亲也，……事之以财。""事之以财"就是要求子女要从物质的供给方面尽赡养之责。

对父母的奉养并不仅仅是物质的奉养，还需要"敬"，即要有孝敬之心。正如《论语·为政》所说："今之孝者，是谓能养。至于犬马，皆能有养；不敬，何以别乎？"这句话问得好，如果没有孝敬之心，只是物质上赡养，奉养父母又与养狗养马有何区别呢？孔子还说："有事，弟子服其劳；有酒食，先生馔。曾是以为孝乎？"（《论语·为政》）这句话是说，有事情，年轻人去做；有酒有菜肴，年长的人享用，难道这就是孝吗？可见，孝并非仅仅是物质的奉养，还需要由心而生敬。当敬由心生时，子女对待需要侍奉的父母就会和气，"有和气者，必有愉色；有愉色者，必有婉容"（《礼记·祭义》）。只有如此，才能让父母体会到浓浓的暖意，也才能使父母感受到人格的尊严与精神的慰藉，避免"色难"。

2. 尽孝要及时

《孔子家语》曾记述了一段关于孔子的逸闻，孔子出行，见到身披粗布抱着镰刀的皋鱼在道旁哭泣，孔子下车对皋鱼说："你家是不是有丧事？为什么哭得如此悲伤？"皋鱼的回答是耐人寻味的。在皋鱼看来，他有三个过失。过失之一为"少而学，游诸侯，以后吾亲"。这是说，年少时为了求学，周游诸侯国，他没有把照顾亲人放在首位；过失之二为"高尚吾志，间吾事君"。这是说，为了理想，再加上为君主效力，他没有很好地孝敬父母；过失之三为"与友厚而小绝之"。这是说，和朋友交情深厚却疏远了亲人。三个过失虽然原因各异，但都是没有尽到孝道。当子女想好好地赡养父母，可父母却不在了！岁月流逝而不能追回，亲人逝去而再也见不到了。皋鱼的"子欲养而亲不待"太有深意了，是深刻的巨大的人生缺憾。但这何尝不是现代社会的真实写照呢！当年轻力壮时，我们在外奔波，没有考虑过父母的感受，我们还美其名曰：创事业。直到父母不在时，我们才感慨，人生易老，我们亏欠父母太多。孝是道德修养，在《孟子·离娄下》中记载了五种不孝的行为。其中有三种是不赡养父母的行为，他们或"惰其四支"，或"博弈好饮酒"，或"好货财，私妻子"。这是说他们或因懒惰，或因好下棋喝酒，或因好钱财、偏爱妻子儿女，而导致了不赡养父母的行为。除此之外，"从耳目之欲，以为父母戮""好勇斗狠，以危父母"也是不孝的行为。这是说，放纵享乐，使父母感到羞辱以及逞勇好斗，危及父母，都是不孝的行为。究其原因，是他们心中缺乏对"孝"的敬畏感，这就需要加强他们的道德修养。因为只有"修德"，才能"广孝"。

（二）匹夫有责的爱国情怀教育

如果说对父母尽孝道是一种小孝，承担的是小范围的责任；那么还有一种

第五章　新时期中国优秀传统文化融入高校人才培养全过程的实践思路及内容

更大的孝道，那就是承担起建设国家的重任。因为从更大的层面来说，国家爱护、包容和养育我们，也需要我们尽孝道。这就是匹夫有责的爱国情怀，它既是一股强烈的情感，对国家未来充满了忧患意识，同时也具有天下兴亡，匹夫有责的担当。

1. 爱国情怀的忧患意识

"忧患"一词最早见于《周易·系辞下》："《易》之兴也，其于中古乎。作《易》者，其有忧患乎。"忧患意识产生的时间很早，许凌云教授说："忧患意识起源于远古时代。"邵汉明先生认为，在儒家学派出现之前，它"即已开始在先哲先贤那里得以滋生、形成和逐步强化。"

忧患意识并非是当下现实的心安理得，而是对当下现实的长久忧虑，是从现在指向未来的思虑。因此，也可以说，忧患意识是对现实的反观审视，也是一种危机意识。"生于忧患，死于安乐"就属此理。也正如恩格斯所指出的："在发展的进程中，以前的一切现实的东西都会成为不现实的，都会丧失自己的必然性、自己存在的权利、自己的合理性；一种新的、富有生命力的现实的东西就会起来代替正在衰亡的现实的东西。"这段文字清楚地反映了恩格斯的辩证否定观。忧患意识也是如此，它并不是只让我们看到现在，而是还要看到未来。几千年来，中国先贤不仅有着心理上或思想上的忧患意识，而且还把它付诸行动。在这种对国家的反观审视中，忧患意识主要体现在忧道、忧君和忧天下三个方面。

忧道思想是中国优秀传统文化的重要内容。面对"礼崩乐坏"的现实，孔子提出了"君子忧道不忧贫"。（《论语·卫灵公》）当然，孔子所忧的"道"同老子所说的"道"是不同的，老子强调的"道"是事物的本源，而孔子强调的则不是。孔子说："周监于二代，郁郁乎文哉，吾从周。"孔子所讲的"道"是要"从周"的。"从周"的什么呢？孔子说："一日克己复礼，天下归仁焉。"可见，孔子所讲的"道"就是指周代的礼仪制度。孔子一生周游列国，其实也是在致力于宣讲与恢复周代的礼仪制度。在孔子看来，要改变当时混乱的社会现实，就需要恢复周代的礼仪制度。只有如此，社会才能安定。因此，从这个角度来说，忧道就是忧国。

从秦始皇统一六国至清王朝的覆灭，是中国的封建社会时期，在此时期，"天下一家"，亦可称为"家天下"，"普天之下，莫非王土；率土之滨，莫非王臣"。此时代表国的就是"君"。因此，一些士大夫阶层的忧国意识，变成忧君意识就顺理成章了。这种忧君意识在很多士大夫阶层中都有体现，西汉初期的贾谊就看到了统治中的危险因素。因此，他站在统治者的立场上提出："君子为国，观之上古，验之当世，参之人事，察盛衰之理，审权势之宜，去就有序，变化应时，故旷日长久，而社稷安矣。"（《过秦论》）贾谊还针对秦王朝亡于农民起义的社会现实，提出："故夫民者，至贱而不可简也，至愚而不可欺也。故自古至于今，与民为仇者，有迟有速，而民必胜之。"这既是对秦王朝灭亡教训的总结，同时也是对当时统治者的告诫。贾谊希望当时的统治者能心存忧患意识，从而使得汉王朝长治久安。唐初的魏征也曾上书说"臣愿当今之动静，必思隋氏以为殷鉴，则存亡之治乱，可得而知。若能思其所以危，则安矣；思其所以乱，则治矣；思其所以亡，则存矣"。这是魏征对当时统治者的告诫，要以隋亡为教训，不要重蹈隋亡的覆辙。魏征以"水""舟"为喻，突出"君"要爱"民"。他说："臣又闻古语云：'君，舟也；人，水也。水能载舟，亦能覆舟。'陛下以为可畏，诚如圣者。"

如果说忧君仅为爱一姓之国，忧天下就是更广博的爱。忧的范围更广泛，也更深沉。范仲淹的"先天下之忧而忧，后天下之乐而乐"精神就属于此。林则徐以"苟利国家生死以，岂因祸福避趋之"的精神，在虎门进行销烟；后林则徐被流放新疆，在流放途中，他看到了沙俄"商队""探险队"的频繁活动，大声疾呼："终为中国患者，其俄罗斯乎！"（《林文忠公事略》）后来的历史果然被他言中。这是忧天下的表现。谭嗣同在得知签订中日《马关条约》之后，发出了"世间无物抵春愁，合向苍冥一哭休。四万万人齐下泪，天涯何处是神州"狂风般的怒吼，也是对整个中华大地一草一木的忧虑，忧天下之情跃然纸上，也让后生晚辈对他们心生敬畏。

总之，这种忧患意识，实际上体现了对国家的一种责任，它贯穿于中国优秀传统文化之中，如一块瑰宝，散发着耀眼的光芒。正是在忧患意识中，人们认清了国家之"危"，促进了人们奋发进取，从而改变现实。

2. 爱国情怀的责任担当

爱国情怀的责任担当不仅是一种意识，更为重要的，它是一种实践。五千年的文明史告诉我们：这种爱国情怀的责任担当既有来自外族入侵所造成的对国家的"被动之爱"，也有自觉自为的对国家的"内生之爱"。

在传统的中国社会中，中国被外族所侵略或侵扰，从而产生了"一个'憎恨'或'仇视'的对象，这个对象对自己的国家造成了严重威胁乃至危机，而殖民侵略正是这样一种敌对力量，它是凝聚起爱国力量的最重要前提，直接促成了爱国主义情感的爆发式产生"。这种由于外族侵略而导致的当时人们的责任担当，就是对国家的"被动之爱"。其实，在我们耳熟能详的爱国主义事迹中，很多是"被动之爱"的故事，戚继光抗倭、刘铭传抗法、林则徐抗英等，这些都是"被动之爱"的例证。并且，他们为后代子孙留下了千古绝唱的名句，"人生自古谁无死，留取丹心照汗青""封侯非我意，但愿海波平"等。直至今天，当我们读起这些千古名句，仍然那么铿锵有力，这就是爱国主义的责任担当意识。他们在国家最需要的时候,不顾自身的安危而挺身而出。因此,他们的名字被历史铭记,他们的爱国事迹成为中华民族历史中难忘的一笔。他们也成为我们心目中的英雄,他们的这种"爱"也成为中华民族最刻骨铭心的"爱"。

爱国情怀的责任担当并不是仅仅存在于被动之爱,也存在于自觉自为的"内生之爱"。正如弗洛姆所说:"爱是一种积极的活动,并不是一种被动的情感;它是主动地'站进去'的活动,而不是盲目地'沉迷上'的情感。"正是在主动地"站进去"的活动中,很多人在为国家奉献,只不过他们的方式不是轰轰烈烈的,而是默默无闻的。他们对国家的热爱体现在日常的生活中,是"日用而不觉"的爱。这种没有仇视、没有怨恨、一心为国奉献之爱就是内生之爱,这种爱也是一种责任担当。这种爱是一个人价值的外显,是一个人生存的意义,也是国家发展的需要。这种责任担当在中国优秀传统文化中也有很多体现,如《诗经》中所提到的"夙夜在公",日夜为公家办事;《尚书》中讲到的"以公灭私,民其允怀",应当以公心灭除自己的私欲,这样就可以获得老百姓的信任等。实际上,这些都是内生之爱的写照。

(三)家国情怀教育的现代价值

1. 孝老爱亲爱家情怀的现实价值

第一,有益于增强大学生的家庭责任感。我们强调中华传统孝道,并非仅仅是为了增加大学生的理论知识,也并非纯粹增加大学生的爱家情感,更为重要的是为了增强大学生的家庭责任感。大学生只有自觉传承、履行中华传统孝道,才能深切地理解责任的深沉,并由此及彼,担当起热爱、建设故土家园的责任。

第二,有益于大学生培育正确的生命观。人的生命可分为自然生命和人文生命。两者相比较,自然生命是人的最重要的组成,因为它是人的尊严、发展和进步的载体。人来到世间,都要经过父母的孕育、抚养而成人。因此,对父母尽孝道,这是生而为人的义务与责任。但要完成这一义务与责任,就需要有一个自然载体,那就是自然生命。否则,一切都将为空。因此,从这个意义上说,我们的生命并非完全属于自己。但在现实生活中,我们也看到有些大学生面对失恋、成绩下降、与室友关系不好等情况时,做出了极端而错误的行为,如自杀或残杀他人等,这些都是对生命的错误认识。我们的生命既是先辈生命的延续,也是承载义务与责任的天然载体。这就需要大学生尊重、珍惜、爱护自己的生命,要善待自己。只有有了这个载体,我们才可能承担起爱家情怀中的那一份责任感。

2. 匹夫有责爱国情怀的现实价值

(1) 有益于增强大学生的社会责任感

当前我国正致力于实现中华民族伟大复兴的中国梦，国家富强、民族振兴、人民幸福是近现代中国人一直在追求的理想。虽然当代中国较以前有了十足的进步，但这个梦还没有实现。因此，习近平总书记说："中国梦是历史的、现实的，也是未来的；是我们这一代的，更是青年一代的。"中国梦的实现是一项伟大的事业，伟大的事业就需要有强烈社会责任感的人去承担。当代大学生正是国家未来的建设者，这种对国家的忧患意识会使大学生产生一种危机感、紧迫感和责任感，"这种责任感来自要以己力突破困难而尚未突破的心理状态"。这是一种融通古今的思想与意识，它与古代先贤的忧患意识具有相通之处。而此时，当我们用传统文化中的忧患意识进一步教育、引领当代大学生时，就会使大学生形成一种责任，产生一种更大的、不竭的动力，促进中国梦的早日实现。

(2) 有益于新时期爱国主义的培育

爱国是一个永恒的话题，匹夫有责的爱国情怀也是常讲常新的话题，但爱国的具体内容会随着时代的变化而与时俱进。新时期的爱国主义至少包括三个层面：

首先，坚持理性爱国。爱国是一种感情，这种感情既包括了感性部分，也包括了理性部分。当代大学生的身体虽已长成，但他们的心理和价值观还未完全成熟。再加之在经济全球化的进程中，我国与其他国家存在贸易摩擦，以及与周边国家存在领土争端。当代大学生在处理爱国问题时，就会把感性的一面暴露出来。以前曾有过抵制"日货"和抗议"购岛"的大学生游行示威，在游行示威中，部分大学生和社会青年就出现了打砸日本品牌的店铺、汽车等过激行为。这种情况严重扰乱了社会的正常秩序，"同时也造成了不良的国际影响，给日本右翼势力以煽动攻击中国的口实"。当代大学生这股爱国之情是不可否定的，但单纯的爱国之情并非等于爱国主义，因为爱国主义是一种理性的升华。正如梁漱溟先生在爱国学生火烧赵家楼、痛殴章宗祥之后，发表的一番言论，他说："纵然曹、章罪大恶极，在罪名未成立时，他仍有他的自由。我们纵然是爱国急公的行为，也不能侵犯他，加暴行于他……绝不能说我们所作的都对，就犯法也可以使得；我们民众的举动，就犯法也可以使得。"梁老先生的这番话在当时被认为是略显迂腐的，但今天读来，他的理性爱国思想可见一斑。若不计后果、一味感情用事的爱国，实际上是误国、害国。因此，爱国不仅需要感情，更需要理性。

其次，坚持爱国与爱社会主义的统一。爱国是需要载体的，这种载体上升到政治的情感，那就是要爱一个国家的政治制度。在当今的中国，爱国就是要爱社会主义。

第五章 新时期中国优秀传统文化融入高校人才培养全过程的实践思路及内容

社会主义是历史和人民的选择。回首百年的屈辱史，我们可以看到，解决半殖民地半封建问题是近代中国社会的主题。在此主题下，救国方案可谓是纷呈迭现，救危图存运动也是风起云涌。他们的方案和行为虽对这个问题的解决起到了推波助澜的作用，有的甚至轰动于一时，如辛亥革命，但均未能从根本上解决现实问题。而以毛泽东为代表的中国共产党人将马克思主义与中国实际相结合，实现了马克思主义的中国化，并创造性地提出了新民主主义革命理论，带领全国各族人民取得了新民主主义革命的胜利，建立了社会主义新中国，解决了半殖民地半封建的社会问题。历史证明，只有社会主义才能救中国，社会主义是中国人民选择的结果，这是一条颠扑不破的真理。

社会主义不仅能救中国，而且也能发展中国。社会主义建设所取得的成就，我们有目共睹。新中国成立后，我们完成了社会主义的改造，实现了生产资料从私有制到公有制的改造，确立了社会主义制度，这是中国历史上最伟大最深刻的社会变革，也是20世纪中国又一次划时代的历史巨变，推进了社会主义建设的重大发展。党的十一届三中全会以后，我们面对"什么是社会主义，怎样建设社会主义；建设什么样的党，怎样建设党；实现什么样的发展，怎样发展"等重大理论课题，中国共产党创造性地提出了中国特色社会主义理论体系。经过改革开放四十多年的建设与发展，我国经济实现了持续快速发展，民主法治建设实现了科学稳步推进，文化建设也取得了重要进展，社会建设已全面有序展开，综合国力更是显著增强，人民生活已经显著改善，国际地位空前提高。这些都是社会主义制度给中国带来的变化。历史再一次证明：只有社会主义才能救中国，只有社会主义才能发展中国。当前，我们要求当代大学生要大力弘扬爱国主义，最重要的方面就是要大力弘扬爱社会主义，坚定对社会主义的信念，坚持社会主义制度不动摇。

再次，坚持爱国与爱中国共产党的统一。在近代中国的舞台上曾活跃着多个政党，但只有中国共产党历经磨难而不倒，最终成了执政党，这是历史和人民选择的结果。回顾中国共产党的历程，我们可以看到中国共产党从成立之日起，就带领全国各族人民为实现国家的富强、民族的振兴、人民的幸福而奋斗。透过社会主义事业的巨大成绩，我们可以看到中国共产党的历史就是一部为实现民族独立和人民解放、为国家繁荣昌盛和人民共同富裕而奋斗的历史。正由于此，中国才从积贫积弱走向了光明和富强，历史和人民也真正接纳了中国共产党。历史已经并将继续证明：中国共产党是中国特色社会主义事业的坚强领导核心。"没有共产党，就没有新中国"，这是历史和现实所昭示的真理，并且还将继续昭示。

当然，唯物主义辩证法告诉我们，世界上只有相对的完美，而没有绝对的完美，中国共产党也不例外。中国共产党自成立以来，面对自身问题，勇于刀刃内向，通过一次次自我革命，革除了自身弊病，凝聚了党心民心，夯实了党的执政基础和领导核心，使中国革命和建设始终朝着正确的方向前进。

当代大学生弘扬爱国主义精神就需要深化对中国共产党的感情，加强对中国共产党的热爱。

二、社会关爱教育

《完善中华优秀传统文化教育指导纲要》指出，要"开展以仁爱共济、立己达人为重点的社会关爱教育"。通过这项教育，"着力引导青少年学生正确处理个人与他人、个人与社会、个人与自然的关系，学会心存善念、理解他人、尊老爱幼、扶残济困、关心社会、尊重自然，培育集体主义精神和生态文明意识，形成乐于奉献、热心公益慈善的良好风尚，培养青少年学生做高素养、讲文明、有爱心的中国人"。中国优秀传统文化中拥有丰富的社会关爱教育内容，"仁者爱人"思想以及"天人合一"思想就是突出的表现。

（一）仁者爱人的社会关爱教育

"'仁'可以说是中华民族道德精神的象征，虽然它为统治阶级所利用，但并不能由此否认它是中华民族的公德和恒德。"仁爱之心、仁慈之怀是中国优秀传统文化的永恒话题，也是常讲常新的话题。"仁者爱人"思想有利于正确处理个人和他人之间的关系。

仁者爱人思想出自孔子。孔子曾在多种场合对"仁"进行了回答，但最基本的含义为："爱人。"这就是说，要"对他人奉献爱心"。从"爱人"的角度审视孔子的"仁"学思想，其具有积极的进步性。

仁者爱人首先体现在，它突出了人、强调了人、重视了人、尊重了人。子产曾说："天道远，人道迩，非所及也。"这是人们对自然规律的认识，也体现了人类社会的进步。它推进了人们对"天"的认识，使人们对天的认识，由"主宰之天"下降为"自然之天"，弱化了天的神秘感。在孔子的学说中，"天"的含义就是指自然世界的存在与变动状态，也就是"自然之天"。正由于"天"的神秘感在消退，"天"的主宰地位在下降，这就使"人"的地位不断突出，人的尊严也不断凸显。

其次，仁者爱人凸显了亲亲之情，这尤其体现在孔子对"孝""悌"的解释。孔子说："孝悌也者，其为仁之本欤。""孝"就是孝顺父母，就是子女对待父母的正确态度。"悌"就是对兄长的敬爱，即弟弟对待兄长的正确态度。对父母孝顺，对兄长敬爱，这就是"仁"的基础。孔子的仁者爱人思想不仅突出了对"人"的尊重，而且还凸显了亲亲之情。孔子认为，人们都会受到父母的关爱、兄长的关心。因此，人们应该反哺这一感情。这就需要把这一感情由此及彼、推己及人。由此，孔子提出了要把这一感情进行推广，从家庭的亲亲之情推广到"泛爱众"。他说："弟子入则孝，出则悌，谨而信，泛爱众，而亲仁。行有余力，则以学文。"（《论语·学而》）

孟子也崇尚这种亲亲之情，并进行推广。他提出了，不仅要尊敬自家的老人，也要尊敬其他的老人；不仅要爱护自己的子女，也要爱护别人的子女，即"老吾老以及人之老，幼吾幼以及人之幼"。这是一种从爱家庭的小爱，推广到爱天下之大众的大爱。正是在这种推广中，显示了亲亲之情的广泛性。

再次，仁者爱人突出了利他性。在孔子看来，要做到仁者爱人，不能仅强调以自己为中心，而且还要做到"己欲立而立人，己欲达而达人"。自己站得住，也要使别人站得住；自己做事行得通，也要使别人做事行得通。实际上，这既是人道主体性的显现，同时也是客体性的突出。也就是人们做事既要有"为我"的一面，也要有"为他"的一面，不能仅仅以自己为中心。

仁者爱人思想并非儒家的专利，墨家也提出了"兼爱"学说。墨家的"兼爱"学说有两层含义：从对象范围来看，它是广博的爱。它涉及任何人、任何地方。"视人之室若己室，视人之国若己国。"从性质来看，它是无差别、无等级的爱。墨子在《大取》中曾说："而爱臧之爱人也，乃爱获之爱人也。""臧"就是奴隶。这句话是说，即使是奴隶，也要对他施以爱。他在《兼爱上》又说："爱人若爱其身。"

墨家学说认为，天下间祸乱的原因是天下"不相爱"。因此，要消除天下间的祸乱，就需要实行"兼以易别"，即以"兼相爱，交相利之法易也"。在墨子看来，只有实行"兼以易别"，才能产生"诸侯相爱则不野战，家主相爱则不相篡，人与人相爱则不相贼，君臣相爱则惠忠，父子相爱则慈孝，兄弟相爱则和调。"（《墨子·兼爱中》）。在墨家学说看来，只有实行"兼爱"学说，才能消除社会中"不相爱"的状况，消除天下混乱的局面，使人际间的关系变得协调，使社会秩序重归和谐，达到"是以老而无妻子者，有所侍养以终其寿；幼弱孤童之无父母者，有所放依以长其身。今唯毋以兼为正，即若其利也"。（《墨子·兼爱下》）

既然"兼爱"如此重要，这就要求人们要"视人如己"。每个人要"视人之国，若视其国。视人之家，若视其家。视人之身，若视其身"。（《墨子·兼爱中》）"爱人之亲，若爱其亲"。（《墨子·大取》）

北宋张载也有仁者爱人的表述。他在《正蒙·乾称篇》的首段即《西铭》

中,为我们描绘了一幅充满人情气息且秩序井然的宇宙大家庭。在这个大家庭里,天地可谓是我们的父母,民众是我们的同胞。尊老爱幼,关怀苦弱,纯乎孝道,持守仁德,穷神知化,存心养性,努力不懈。"身体存在一日,我便尽人事而顺天道一日;身体一旦消亡,我也就回归宇宙大化的本源,而得以像游子归家的宁馨,又如溪流融入大海的安憩。"这是张载笔下的宇宙大家庭。在这个大家庭中,人们之间互相关爱,各司其职,各安其分,摒弃了人世间的尔虞我诈。这是一幅其乐融融的大家庭景象,充满了仁者爱人的气息。

(二)"天人合一"的社会关爱教育

"天人合一"是一个古老的命题,它是由北宋时期的张载提出的,张载在《正蒙·诚明篇》中说:"儒者则因明致诚,因诚致明,故天人合一。""天人合一"命题很好地解决了人和自然的关系问题,强调了人与自然要和谐共处,体现了东方文化"和"的思维特征。"天人合一"的社会关爱教育之所以成立,首先就在于,它强调了人和万物同源,人是自然发展的结果,人是自然界的重要组成部分。《序卦》为我们提供了一个宇宙的生发过程,它从"天地"根源出发,有天地然后有万物,有"万物"然后才有"男女""夫妇""父子""君臣""上下""礼仪"。"从宇宙之根到万事万物,从自然到社会","天地与人事由此紧密地联系在一起"。这是宇宙的有序生成过程,由此可以看出,人并非外在于自然,而是隶属于自然。正由于人是自然界的重要组成部分,因此,人们才可能对自然施以仁爱,"天人合一"的社会关爱命题才能成立,人们关爱自然、尊重自然、按照自然规律办事的思想才能产生。

"天人合一"强调,仁爱的对象不仅是人,而且还有自然万物,这就产生了关爱自然的思想。孟子曾说:"亲亲而仁民,仁民而爱物。"在这里,孟子认为,仁爱万物就是君子的职责。董仲舒对这一层意思讲得更为清晰,他说:"质于爱民,以下至于鸟兽昆虫莫不爱。不爱,奚足谓仁。"如果不爱鸟兽昆虫等自然万物,怎么足以称得上是仁呢?关爱自然之情跃然纸上。张载依据"气"为宇宙的本源,提出了"民吾同胞,物吾与也",这就是"民胞物与"思想。

"不过,张载的'民胞物与'之爱其重点不在于强调爱之差等,而在于强调爱及他人以致爱及于物。"也就是说,张载的民胞物与思想具有强烈的关爱自然情怀。理学家程颢也主张天地万物与己一体,他说:"仁者,浑然与物同体。"又说,"仁者,以天地万物为一体,莫非己也。""与物同体"之心即是仁心,它至大至刚至纯,它能包容万物、博爱众生。后世王阳明继承、发展了程颢这一思想,也强调要关爱自然。

对大自然的关爱不仅是一种感情，而且也需要付诸行动。当然，行动不能是盲目的，要尊重自然，按照自然规律办事。"天人合一"就体现着这种思想。《论语·述而》说："子钓而不纲，弋不射宿。"这是说，孔子不用网捕鱼，不射归巢的鸟。孟子继承和发展了这一思想。《孟子·梁惠王上》说，要使粮食食用不尽，就需要"不违农时"；要使鱼鳖"不可胜食"，就不能用细密的渔网捕鱼；要使得林木"不可胜用"，就需要砍伐树木有节。孟子把这些思想称为"王道之始"。这是对大自然的尊重和敬畏，更是对大自然规律的认识和认同。以此规律办事，大自然就会充分地回报人类，人与自然也才能和谐相处。不难看出，孟子的王道之始思想已初步具有了可持续发展的意蕴。荀子也主张要尊重自然、爱护自然、按照自然规律办事。《荀子·王制》指出，"草木荣华滋硕之时"，不准进入山林砍伐；"鼋鼍、鱼鳖、鳅鳝孕别之时"，不准用渔网捕鱼或把毒药投入湖泽；"春耕、夏耘、秋收、冬藏，四者不失时"，"五谷"就会"不绝"，"百姓"就会"有余食"；"洿池、渊沼、川泽谨其时禁"，"鱼鳖"就会"优多"，百姓也会"有余用"；"斩伐养长不失其时"，山林就会繁茂，百姓也会"有余材"。荀子把这种思想称为"圣王之制"。荀子告诉人们，人们只要尊重自然、按照自然规律办事，大自然就会回馈人类。

总之，"天人合一"思想充满了丰富的智慧。它使人们懂得：要了解自然、认识自然、关爱自然和尊重自然，要同自然交朋友，要按照自然规律办事。这是人与自然和谐相处的思维方式，它体现着人间的关爱。

（三）社会关爱教育的现代价值

1. 仁者爱人社会关爱教育的现代价值

仁者爱人的社会关爱是人们在社会生活中的基本准则，遵循这条准则有益于个人与他人之间的和谐。但近些年来，部分大学生却不遵守，并导致了恶性案件。大学生本应是青年中的佼佼者、时代的标杆，但他们却没有起到示范作用。原因固然很多，但他们缺乏仁者爱人之心，是其中之一。他们只把这些道理或者作为抽象的理论，或者作为僵死的知识，或者作为应付考试的工具，而从来没有把它们作为活的、可以应用的理论。

我们生活在社会中，社会中各种社会关系的处理都需要一颗"爱"心。由于仁者爱人强调了亲亲之情，突出了"爱人之亲，若爱其亲"（《墨子·大取》）。在这种爱心的指引下，人就能对他人心存敬意，就能正确处理个人与他人之间的关系。这就要求，大学生不仅要学习仁者爱人的思想，而且要积极践行，要把它变成活的信条。只有如此，才能使大学生正确处理各种关系，也才能使他们成为青年中的佼佼者、社会的风向标。当然，高校思想政治教育工作者在讲解仁者爱人思想的时候，不能就理论而说理论，而要把这些理论说进大学生的心中，不仅要触及他们的感官，更要触及他们的心灵。

2. "天人合一"社会关爱教育的现代价值

第一，它能使大学生认识到东、西方文化中生态文明观的差异。西方文化中贯穿着"主体—客体"的思维方式。遵循这种思维方式，西方人强调要征服自然，猛烈地向自然索取，这是西方人的生态文明观。在这种思想的引领下，人们虽然创造了丰富的物质财富，但也给生态文明带来了诸多流弊，诸如环境污染、生态危机等，这是自然对人类的惩罚，也是天人二分的结果，它不利于现代社会生态文明的构建。东方文化中的"天人合一"思维模式强调要尊重自然、关爱自然，要按照自然规律办事，这是与西方不同的生态文明观。今天，我们正在实现中国梦的奋斗目标，生态文明建设是这一目标的重要组成部分，它事关中华民族的永续发展，是建设美丽中国的必然要求。在这种背景下，我们更要认识到西方文化主体—客体思维方式的不足，吸收、借鉴"天人合一"的思维方式，建设我们的生态文明。

第二，它有利于增强大学生心中的善念，培育和增强"友善"价值准则，培育生态文明意识。"天人合一"的社会关爱实质上是人对自然的关爱，是人的恻隐之心的外显，是人心中的善念由人及物的推广。我们对大学生进行"天人合一"的社会关爱教育，并非仅仅为了增加大学生的知识。更为重要的是，我们要把知识化为大学生实实在在的行动。可以设想，当大学生实践了"天人合一"的社会关爱教育时，心中的善念就会增强，生态文明意识就会增加。这种善念也会改善个人与自然、个人与他人的关系，使大学生心中有自然、他人和社会，这有利于培育和增强友善的价值准则。

三、人格修养教育

《完善中华优秀传统文化教育指导纲要》指出，要"开展以正心笃志、崇德弘毅为重点的人格修养教育""着力引导青少年学生明辨是非、遵纪守法、坚韧豁达、奋发向上，自觉弘扬中华民族优秀道德思想，形成良好的道德品质和行为习惯，培养青少年学生做知荣辱、守诚信、敢创新的中国人"。中国优秀传统文化中拥有丰富的人格修养教育内容，传统之志教育、传统义利观教育、传统诚信观教育、刚健有为思想教育就是重要体现。

（一）立志笃志的人格修养教育

"志"不仅是人们生活的旨趣，而且也是人的主体性、能动性和自由创造

第五章 新时期中国优秀传统文化融入高校人才培养全过程的实践思路及内容

性的体现。中国优秀传统文化中存在大量的立志笃志思想，现归纳如下：

第一，立志为先。志成为一个话题，可以追溯到孔子。孔子说："吾十有五而志于学，三十而立，四十而不惑，五十而知天命，六十而耳顺，七十而从心所欲，不逾矩。"（《论语·为政》）在孔子一生中，"志于学"是基础。"此志一立，三十、四十、五十、六十、七十，直至不逾矩，皆是此志。变化贯通，只是一志。"（《明儒学案·卷三十七》）王阳明说："夫学，莫先于立志。"（《王阳明全集·卷七》）康有为也说："立志，为学者第一事，志不立，则天下无可为者。"（《论语注·卷九》）从以上引述可见，立志为先是重要的。在先贤那里，他们注重立志，立志是成就事业的第一要事。因此，立志为先，自然也成了生活中的永恒话题。

在先贤看来，立志之所以应为先，是因为志乃根本，他们把志比喻为树之根本。二程（程颢、程颐）曾说："志立则有本。譬之艺木，由毫末拱把，至于合抱而干云者，有本故也。"（《二程粹言·卷一》）在二人看来，志就如树之根本。谢良佐也说："人须先立志，志立则有根本。譬如树木，须先有个根本，然后培养，能成合抱之木。"（《宋元学案·卷二十四》）王阳明也说："夫志，气之帅也，人之命也，木之根也，水之源也。"（《王阳明全集·卷七》）又说："志不立，如无舵之舟，无衔之马，漂荡奔逸，终亦可所底乎！"（《王阳明全集·卷二六》）他不仅把志看作树之根本，而且还把它比喻成水之源头。有此源头，人生的河床就不会干涸，清澈的渠水就会源源不断地被引来，人们就可能成就一番事业。

第二，立志当高远。志有鸿鹄之志，也有燕雀之志。在中国优秀传统文化中，中国古代先贤更崇尚鸿鹄之志。诸葛亮说："夫志当存高远，慕先贤，绝情欲，弃凝滞，使庶几之志，揭然有所存，恻然有所感，忍屈伸，去细碎，广咨问，除嫌吝，虽有淹留，何损于美趣，何患于不济。若志不强毅，意不慷慨，徒碌碌滞于俗，默默束于情，永窜伏于凡庸，不免于下流矣。"（《诸葛亮集》）诸葛亮在这里所强调的"高远之志"也就是鸿鹄之志。志唯其高，如灯塔，才能照亮远方的航程；志唯其大，如太阳，才能有永不枯竭的能量。陈淳也说："立志要高不要卑，……要定不要杂，要坚不要缓。"（《北溪字义·志》）

何为高远之志？清代李颙讲得非常明白，他在《二曲集》中说："立志须做天下第一等事，为天下第一等人。""问如何是天下第一等事，曰：'为天地立心，为生民立命，为往圣继绝学，为万世开太平。'""如何是天下第一等人？曰：'能如此，便是第一等人。'""做天下第一等事""为天下第一等人"，这是何等的大气，又是多么高远的志向。唐甄也说："其为志也，必至于尧孔而不少让；其为心也，视愚夫愚妇之一言一行，有我之所不及者。"（《潜书·上篇》）这些高远之志又是多么让人敬佩。当然，用今人的眼光来看待这种高远之志，我们发现，这实际上是一种道德人格之志，这种道德人格之志把个人与社会紧密地联系了起来。它重视道德人格的修养，而表现出对物质财富的轻视。我们不能苛求古人，我们只能站在古人所处的时代来评价古人，但古人的这些高远之志对当今社会也有借鉴意义。

中国先贤之所以重视高远之志，是因为一个人成就事业的大小与所立之志有密切关系，志大则大，志小则小。王阳明说："立志而圣，则圣矣；立志而贤，则贤矣。"（《王阳明全集·卷二十六》）在王阳明看来，只有树立了远大的志向，才能成为圣人与贤人。因此，成就圣人与贤人的前提，就在于他们所树立的志向。石成金的语言更为通俗，"志高品高，志下品下"（《传家宝》）。王夫之在《读通鉴论·卷二十》中也说："夫人所就之业，视其器之所堪。器之所堪，视其量之所函。量之所函，视其志之所持。"在王夫之看来，人们成就事业的大小需要"视其志之所持"。这就意味着，人们只有树立了高远的志向，才可能成就大的事业。

第三，笃志贵有恒。笃志就是要一心一意地实现志向。一个人有了高远之志，才可能成就一番事业。但可能并不等于现实，要把可能变为现实，就需要持之以恒地奋斗。因此，程颢、程颐强调"志不可不笃"，人们的志向，尤其是高远的志向，它的实现并非一帆风顺的，需要持之以恒的毅力。这种持之以恒的毅力应像松柏一样经得起严寒的考验，也如荀子《劝学》中所说的锲而不舍精神，"锲而不舍，金石可镂""锲而舍之，朽木不折"。

墨子说："志不强者智不达。"（《墨子·修身》）这是说，意志不坚定的人，学习与智力都不可能增强。二程也说："人苟有'朝闻道，夕死可矣'之志，则不肯一日安其所不安也。何止一日？须臾不能。如曾子易箦，须要如此乃安。"（《二程集·河南程氏遗书》）在二程看来，志之实现应该须臾不离自身，应该如曾子遵守礼节一样，即使病重，也不忘遵守。王夫之在《读通鉴论》中，也从反面强调笃志贵有恒。他说："志不能持者，虽志于善而易以动，志易动则纤芥之得失可否一触其情，而气以勃兴，苟有可见其功名，即规以为量，事溢于量，则张皇而畏缩，若此者，授之以大，而枵然不给，所必然矣。"王夫之认为不能坚持志向，志向就容易变动，志向变动就会导致气量狭小，情绪起伏，行为张皇，畏缩不前，必将一事无成。

（二）崇德弘毅的人格修养教育

"崇德"就是主张人们要崇尚道德，习近平总书记在北大师生座谈会上曾强调："做人做事第一位的是崇德修身。"这是他对"崇德"思想的重视。"弘

第五章　新时期中国优秀传统文化融入高校人才培养全过程的实践思路及内容

毅"就是主张人们要刚强、要有毅力。中国优秀传统文化中的义利观、诚信观、刚健有为思想都有利于对大学生进行崇德弘毅的思想教育。

1. 中国优秀传统文化中的义利观

传统义利观是中国优秀传统文化中内容丰富的命题，传统义利观中的许多思想对当代大学生正确处理义利关系、自觉抵制拜金主义思潮具有启发意义。

第一，见利思义。人都是现实中的人。既然生活在现实中，首先就要解决生存的问题。因此，"人们的切身利益或私利，其中主要是个人的物质利益，往往是人们思想和行为的出发点，对其活动产生重大的影响"。为了生存，人们获取物质利益，这是正当的。马克思曾说："我们首先应当确定一切人类生存的第一个前提，这个前提是：人们为了能够'创造历史'，必须能够生活。但是为了生活，首先就需要吃喝住穿以及其他一些东西。"但我们不能放任或放纵私利的发展，因为私利是"为我"的。若一味唯利是图，就只能"放于利而行，多怨"。这是说，依据个人利益而采取行动，就会招来很多的怨恨。但这样说，并非否定"利"。实际上，中国先贤并没有否定"利"。孔子到卫国，看到了稠密的人口，不禁发出感慨"庶矣哉！"冉有问："人口已经多了，该怎么办呢？"孔子说："使他们富裕起来。"可见在先贤那里，他们并非完全摒弃"利"，而是要使"利"符合一定的标准，这个标准就是"义"。《论语·宪问》提出："见利思义，见危授命，久要不忘平生之言，亦可以为成人矣。"在这里，孔子提出，"见利思义"是"成人"的重要标准。见利思义主要强调，当我们遇到财利时，要以"义"为标准，要多思考道义。

第二，取利合义。先贤不仅强调"见利思义"，而且还强调取利合义。孔子曾说："富与贵，是人之所欲也；不以其道得之，不处也。贫与贱，是人之所恶也；不以其道得之，不去也。"这段话意为，富与贵是人们所盼望的，不用正当的办法得到它，君子不能接受。贫与贱是人们所厌恶的，不用正当的办法抛掉它，君子就无法摆脱。孔子甚至提出了"不义而富且贵，于我如浮云"。从上述论述中，可以看出，孔子强调了取得富与贵的正当性与合法性，这也说明先贤并没有排斥"利"，而是要使所获得的"利"符合"义"。孟子也说："非其义也，非其道也，禄之以天下弗顾也；系马千驷弗视也。非其义也，非其道也，一介不以与人，一介不以取诸人。"这里孟子强调，如果不合道义，即使把天下的财富作为他的俸禄，他都不回头望一下；纵使有四千匹马系在那里，他也不看一下。如果不合道义，他一点也不索取。实际上，孟子在这里强调的仍然是取利合义。

当然，要坚持见利思义以及取利合义，我们就需要反对两种极端思想。第一，用"义"否定"利"。孟子说："王，何必曰利？亦有仁义而已矣。"这实际上是以"义"取代了"利"。"义"的建立，必然有其功利的基础。若失去了这一基础，"义"就将失去鲜活的内容，也将使"义"变得抽象。第二，用"利"否定"义"。在法家看来，追求名与利，是民之性。人与人之间是以功利为目的的。韩非子强调，医生吮吸病人的伤口，造车人希望人们富贵等，这些并非出于人道的目的，而是"利所加也"。不仅如此，父子之间、夫妇之间也都是"用计算之心相待"的。这是一种赤裸裸的功利主义思想，是需要摒弃的。

2. 中国优秀传统文化的诚信观

诚实守信是中国优秀传统文化的重要内容，"诚实是真实无妄，不自欺、不欺人，名实相符。守信是遵守原则，履行承诺，言行一致"。诚实守信主要体现为"诚"思想与"信"思想的统一。"诚"即诚实，在中国古代社会中体现了天道与人道的统一，它潜藏在人们心中。《尚书·太甲下》记载"鬼神无常享，享于克诚"。这里的"诚"主要是指人们对鬼神的虔诚。《中庸》第二十章说："诚者，天之道也；诚之者，人之道也。诚者不勉而中，不思而得，从容中道，圣人也。诚之者，择善而固执之者也。""天之道"是诚实的，它四季分明、昼夜更替，无一减差。因此，宋代朱熹说："诚者，真实无妄之谓，天理之本然也。"生活在世间的人们，应当效仿天道，顺应天道，遵循自然之理，真诚做人。圣人就具备了这种天性，他们不勉强就能做到，不用思考就能得到，这是把"天之道"贯彻到"人之道"，这是从"天人合一"、万物一体的视角谈论"诚"。正因为人之"诚"来自"天之道"，因此，"诚"是人之天性，它潜藏在人们心中。《孟子·离娄上》也说："是故诚者，天之道也；思诚者，人之道也。""诚"是自然规律，追求"诚"是做人的规律。这与《中庸》中所讲的道理是相同的。正因为"诚"是天道与人道的统一，是人们应当追求的。因此，很多思想家都重视"诚"。《荀子·不苟》中说："君子养心莫善于诚，致诚则无它事矣。"在荀子看来，养心的最好方法就是达到"诚"，就无须从事其他养心的方法。在周敦颐看来，诚是各种善行的本源。因此，周敦颐在《周子全书》说："诚，五常之本，百行之源也。"《二程集·河南程氏遗书》也从反面论述了"诚"的重要性："学者不可以不诚，不诚无以为善，不诚无以为君子。"《明儒学案·卷九》也说："人之诚实作事，自然有始有终；不诚实者，则虽有所为，始勤终怠，所以成不得事。""信"即守信，它强调人们要遵守承诺，对人真实无欺。这是心中之"诚"的外显，同时也是"天之道"思想的外露。在中国优秀传统文化中，很多思想家都重视"信"。孔子从正反两面突出了"信"的重要性，"与朋友交，言而有信"，这是从伦理的视角，正面论述"信"；孔子还从反面做了论述："人而无信，不知其可也。"孔子强调，人如果没有信誉，就不知怎么办了。《春秋榖梁传·僖公二十二年》说："言之所以为言者，信也。言而不信，何以为言？"认为"信"是"言"的最重要方面。《贞观政要·诚信》中说："夫君能尽礼，臣得竭忠，必在于内外无私，上下相信。上不信，则无以使下，下不信，则无以事上，信之为道大矣。"这里把"信"作为为政之基。孔子还讲道：充足的粮食，充足的军备，百姓就有信心了。若必须在三者中去掉一项，可去粮食，也可去军备，最不能去的，就是"信"，因为"民无信不立"。在这里，孔子把"信"提到了国家的高度，认为如果人民对政府缺乏信心，国家将不能存在。正因为"信"的重要性，"信"也就成了处理人际间关系的重要规范。

由于"诚"与"信"都源自"天之道"。因此，"诚"与"信"是相连的，二者都含有诚实无欺之意。只不过，"诚"是内在于人的，"信"是"诚"的外显。也正如朱熹所说"诚是自然底实，信是人做底实"（《朱子语类》）。因此，很早以来，就把诚信二字相连。《管子·枢言》："先王贵诚信。诚信者，天下之结也。"意思是说先王最重视诚信，有了诚信，天下各国就结好了。可见，"诚信"一词很早就在使用了。《荀子·修身》也说："劳苦之事则争先，饶乐之事则能让，端悫诚信，拘守而详，横行天下，虽困四夷，人莫不任。""诚"与"信"相连、相通的思想也见于其他思想家。东汉的许慎就用"诚"解"信"，他说："信，诚也，从人，从言，会意。"王通说："推人以诚，则不言而信。"张载说："诚故信，无私故威。"《二程集·河南程氏遗书》对"诚""信"互通思想表述得更为清楚："诚则信矣，信则诚矣。"

诚信是中国优秀传统文化的重要内容，也是处理人际关系的重要规范。几千年来，人们一直传扬着"曾子杀猪""立木为信"等故事，而对周幽王的"烽火戏诸侯"嗤之以鼻。究其实，就在于曾子、商鞅等人坚守了诚信思想，而周幽王却侮辱了诚信二字。这说明，自古以来，人们就崇尚诚信行为，而不耻失信行为。

3. 中国优秀传统文化的刚健有为思想

刚健有为思想体现了一种知难而进、锲而不舍的精神。儒家先贤早已认识到，天的运行是不以人们的主观意志为转移的，它是有规律的。因此，《荀子·天论》说："天行有常，不为尧存，不为桀亡。"人们应当效仿天的运行规律，"天行健，君子以自强不息"（《周易·乾卦》）、"刚健笃实"（《周易》）。

孔子曾说："譬如为山，未成一篑，止，吾止也。譬如平地，虽覆一篑，进，吾往也。"孔子在这里以"堆土成山"为喻，强调只要再加一筐土就成山了，如果没有这样做，我们就失败了。如果在平地上堆土成山，纵是刚刚倒下一筐土，如果决心努力向前，我们就有可能成功。孔子主要强调，人要有自强不息的精神。荀子也主张人们要"积土成山""积水成渊"。

在先贤中，墨家也强调要知难而进、锲而不舍。针对"命富则富，命贫则贫，命众则众，命寡则寡"的命定论思想，墨家进行了批判，指出："命者，暴王所作，穷人所术，非仁者之言也。"在此基础上，墨子提出了"非命"的思想，指出要以"强"代替命定论思想，"强"就是要"强力从事"，也就是"赖其力者生，不赖其力者不生"。实际上，墨家提倡的是一种乐观的人生态度，要人们"非命"而强"力"，摆正心态，积极有为。

"刚健有为"并非仅仅体现在理论的思辨中，还存在于实践中。孔子曾周游列国，虽到处碰壁，甚至误被拘囚，但仍"知不可而为之"，这是何等的坚毅！墨子虽出身贫寒，但据史书载，墨子为救天下奔走，"灶突不黔"，意即烟囱来不及熏黑就走。墨子虽"自苦"至极，但其救世思想却终身未改，甚至有时需要冒着生命危险。因此，墨子也被后人称为"摩顶放踵利天下，为之"。《墨子·公输》记载，墨子冒着牺牲生命的危险去保卫宋国。这种不惜牺牲自己生命的精神，值得后人钦佩！

（三）人格修养教育的现代价值

1. 立志笃志人格修养教育的现代价值

虽然立志笃志思想古已有之，但这些思想如一壶老酒，愈久弥香，它们对于当代大学生理想政治教育仍有重要的现实价值。

（1）有助于当代大学生认清自己志向的缺失

大学是学子多年的梦想，经过十多年寒窗苦读，当这些学子等来了高校录取通知书的时候，在高兴之余，也迷茫了：我下一步要干什么？我的人生目标又是什么？正是带着这些疑惑，部分大学生在校园中迷失了方向。就大学生而言，他们有思想、勤思考，但在志向方面也不免存在一些迷茫。有部分大学生在校期间逃课、旷课，甚至请他人替自己上课；还有部分大学生即使来到课堂，仍沉迷于网络，成为"低头一族"，这些在今天已成为不争的事实。究其原因，从志向的角度而言，是因为这些大学生缺失了人生的志向。

立志为先的思想告诉我们：人需要先树立志向，然后才能成就一番事业。因此，王阳明曾说："自古及今，有志而无成者则有之，未有无志而能有成者也。"（《王阳明全集·卷二十七》）实际上，人在任何时刻都需要志向的支撑，志向也将会伴随人的一生。王夫之甚至把有无志向作为人禽之别。他在《船山思问录·内篇》中说："人之所以异于禽兽者，唯志而已。"当今的大学生是祖国的宝贵人才，也是国家未来的接班人。古人早已向我们阐述了立志为先的重要性，如果当代大学生缺失了理想、志向，又如何担负起国家的责任？这就要求当代大学生不能仅仅沉迷于已有的成绩，而要认真规划自己的人生，树立宏大的

第五章 新时期中国优秀传统文化融入高校人才培养全过程的实践思路及内容

志向。唯其如此，才能成为国家的栋梁。

（2）有利于大学生树立远大的理想和目标

综观当代大学生，缺失理想者只是支流，不是主流。但当我们审视当代大学生的理想时，我们明显感到有两种偏向性：首先，在价值目标上，表现为功利性倾向突出。这种功利性倾向尤其突出地表现在"物本信仰"倾向以及"器本信仰"倾向。"'物本信仰'就是崇尚和追求物质为根本，以占有物质、交换物质、消耗物质为表现；以追求金钱为目的；其人格特征是功利、享乐性的。"在这种思想的指引下，部分大学生的社会理想、道德理想、职业理想和生活理想就世俗化了，他们认为"理想就是有利就想，前途就是有钱就图"。"'器本信仰'就是崇尚技术和手段、追求科学和工具，以拥有业务、智能、专长为根本目的。人格特征往往显示为功用，表现得狭隘。"在这种思想的指引下，部分大学生倾向于专业知识的学习，重视技能训练，专注于考证，而忽视基础学科的学习。其次，在理想的指向上，以个人为中心突出。部分大学生所树立的理想，尤其强调了个人，而不顾及他人，更忽略了社会。实际上，个人理想的实现是与他人、社会有密切联系的，若离开了他人、社会所创造的条件，个人理想是不可能实现的。

古人的高远之志是一种道德人格之志，它忽略了对金钱、物质等的功利性追求，把个人与社会紧密地联系了起来。当然，我们不能要求今天的大学生树立古人的道德人格之志，但它对当今大学生远大理想的树立确有借鉴意义。因为仅强调功利性和以个人为中心的理想，并不是社会所需要的，也往往是难以实现的。这就要求大学生树立的高远之志，应是个人理想与国家的前途、民族的命运相结合的理想。当今大学生要树立什么样的远大理想呢？那就是建设中国特色社会主义、实现中华民族伟大复兴中国梦的理想，这也是全社会的共同理想。

这样说，并非否定了大学生的个人理想，而是要求大学生把个人理想融入社会理想之中，帮助大学生摆正个人理想与社会理想的关系。实质上，社会理想并不脱离个人理想，社会理想只是个人理想的升华，社会理想的实现归根到底还需要全体社会成员的共同努力。但当个人理想与社会理想发生冲突时，也要求当代大学生要敢于、勇于牺牲个人利益，使个人理想服从社会共同理想。

（3）有助于当代大学生树立艰苦奋斗的精神

"人贵有志，学贵有恒"告诉我们，任何理想的实现都是艰苦奋斗的过程，都需要艰苦奋斗的精神。改革开放四十多年，给中国人民带来了巨大的实惠，人们的生活富裕了，物质条件改善了，但部分大学生吃苦耐劳、艰苦奋斗的意识有所淡薄，他们承受困难和挫折的意志力也有所下降，这已成为不争的事实。他们虽然还了解西柏坡精神、铁人精神等,但他们对这些精神的认可程度下降了。他们认为这些已成为历史,离他们已经很久远了,不需要旧调重弹。实际上,建设中国特色社会主义,实现中华民族伟大复兴是一项伟大的事业,经过几十年的建设,虽然我们取得了较大的成绩,但我们距离这项目标的实现还有很长的路要走。伟大事业的实现将伴随着无数的艰难困苦,这更需要当代大学生把艰苦奋斗精神锲而不舍地传扬下去,要做到"磨而不磷""涅而不缁"。

2. 崇德弘毅人格修养教育的现代价值

(1) 有益于确立大学生积极进取的人生态度

中国优秀传统文化中刚健有为的思想有益于增强大学生的毅力,同时也有益于确立大学生积极进取的人生态度。人在现实中生活,难免会遇到一些挫折。就大学生而言,成绩不理想、创业失败等,这些都会困扰着大学生。挫折不仅会伴随大学生的现在,而且还会伴随大学生的未来,问题在于大学生应如何面对。在挫折面前,有些大学生心灰意冷、牢骚满腹,这些都无益于问题的解决。如何解决这些问题呢?孔子、墨子等人的刚健有为思想提供了有益的启示。孔子、墨子为了"救世"而积极奔走,即使遇到困难,也不后悔,这是何等阳光的心态!人生都会经历酸甜苦辣,挫折就如生活中的作料,它是人们生活中不可缺少的组成部分。正因为生活中充满了挫折,生活才是多彩的,这也才是真实的生活。其实,挫折并不可怕,怕的是大学生没有阳光的心态。挫折只是我们人生长河中的一滴水,它会随着人生长河的滚滚向前而灰飞烟灭。屠呦呦在发明青蒿素的过程中,也曾历经了190次失败,正是坚强的意志才成就了她的一番事业。大学生要带着乐观的心态看世界,既要学习孔子、墨子刚健有为的精神,也要学习屠呦呦的坚强意志,要保持乐观心态。只有如此,大学生才会体会到人生的快乐,才能成就一番事业!

(2) 有益于培养正确的义利价值观

中国优秀传统文化中的义利观有益于大学生处理各种利益关系。今天高校的大学生,他们是伴随着市场经济的冲刷与洗礼而成长的。市场经济允许人们追求经济价值,资本的力量也是无孔不入的,这些思想对当代大学生都不可避免地产生影响。因此,在金钱与道德之间,或者说在义与利之间如何平衡就成了无法回避的现实问题,功利思想不可避免地对大学生产生影响。见利思义以及取利合义思想既看到了人们需要"利"的一面,同时又看到了人们需要"义"的一面,为解决当代大学生的思想问题提供了可资借鉴的重要理论。当今大学生思想的主流是好的,但不可避免地也存在趋"利"的一面。这既有当今社会背景的原因,同时也有大学生自身生活压力的问题。如果为了生存需要而趋"利",这是正当的。但如果由此而走向极端，认为我们就是为了"利"而生存的，一切以"利"为标准，这是我们应该反对的。这也需要大学生能够做到见利思义、取利合义，当遇到"利"时，要以"义"为标准去衡量，而不是相反。因为在现实生活中，我们除了物质需要之外，还有精神需要，"义"就是一种精神需要。

（3）有利于确立诚信价值观

虽然中国优秀传统文化中的传统诚信观源远流长，但近些年来，社会中的失信现象对大学生也产生了影响。大学生是未来各种职业的从事者，是社会主义社会的建设者。因此，加强传统诚信观教育，不仅有利于大学生认识职业道德中的失信行为，而且更有利于培育诚信价值观。

首先，有利于大学生认清失信行为及观念。学生到高校来，至少要学习两个方面：学知识和学做人，诚实守信等道德就是做人的重要规范。在现实中，我们感到：把诚实守信等道德在大学生思想中固化下来，要比专业知识更为困难。其实，一个合格的高校毕业生应该是德艺双馨的。我们很难设想，在校期间不遵守诚信道德的大学生可以在未来的职业生活中变得诚信。这也凸显了，在大学生中纠正失信等道德错误观念的重要性。因此，"人而无信，不知其可也""与朋友交，言而有信"等思想在今天并没有过时，仍然散发着旺盛的生命力。从这个意义上说，我们在否定失信行为的同时，更要加强诚实守信教育。让大学生认识到，诚实守信教育并非仅仅是加强道德教育的需要，更是适应未来职业生活的需要。

其次，有利于大学生认清诚信价值观的重要性。历史是具有时代性的，又是具有继承性的。虽然部分观念会随着历史的变迁而变化，但具有普遍性的观念永远会被后人继承、发展。诚信价值观就是具有普遍性的观念。历史几经变革，但诚信价值观一直被人们传扬。因此，诚信价值观至今还是人们传承、发展的对象，今天的大学生仍然需要加强诚信价值观教育。

在进行中国优秀传统文化之传统诚信观教育方面，有人也提出了质疑。他们认为，进行这项教育并不能改变大学生的失信行为。因为传统诚信观的功能在于说教性，而没有强制性。我们不否认这种观点，仅靠加强传统诚信观教育，就想建立大学生的诚信观，确实有些苍白。因此，近年来有学者提出：要将诚实守信制度化、法制化，依靠强制力达到目的。依靠制度、法律的力量确实可以实现立竿见影的功效，但要使诚实守信深入人心，仅靠强制力是远远不够的，还需要教育的力量。这就需要向大学生讲清楚传统诚信观的来源，它是怎样发展的，又将向哪里发展。通过对大学生进行传统诚信观教育，可以使大学生深化对诚信的理解，使诚实守信观念更加深入大学生心中。传统虽然是一种历史，但何尝不是蕴藏着至理名言呢！近代学者杨泉说："以信接人，天下信之；不以信接人，妻子疑之。"(《物理论》)这句话把"信"的力量表达得淋漓尽致。因此，在大学生中加强传统诚信观教育，可以升华他们的人生境界，净化他们的心灵，使他们更加认同诚信观，自觉确立社会主义核心价值观之诚信观。

以上从家国情怀教育、社会关爱教育和人格修养教育三个方面论述了高校中国优秀传统文化教育的主要内容，这些内容有益于提高大学生的思想政治品德素质，有益于升华他们的理想人格，有益于他们的健康成长和成才。

第六章　中国优秀传统文化融入高校人才培养全过程的实践

第一节　高校通识教育中融入中国优秀传统文化教育

一、通识教育概述

（一）通识教育与通识教育课程

1. 通识教育的概念

对通识教育概念的界定，学者们从不同角度提出了各自的观点。李曼丽、汪永铨认为，通识教育是面向所有大学生开展的非专业性、非功利性的教育，通过向学生传递非专业性的知识、技能和态度，将学生培养成为积极参与社会生活的、有社会责任感的、全面发展的人。庞海芍对通识教育的理念、内容与模式进行归纳，丰富了通识教育的内涵。从培养模式的角度出发，对通识教育概念进行的研究则将理念、内容等视为培养模式的组成部分，具有代表性的观点有：陈向明认为通识教育是一种完整的人才培养模式，它包括教育理念、培养目标、课程安排、教学方式、学业评估、学生管理等一系列重要内容，其目标是培养完整的人，而不仅仅是某一狭窄专业领域的专精型人才。钟秉林认为，这种模式包含了教育理念、培养规格、课程设置，也包括教育教学管理体制等的安排。

本书主要基于陈向明对通识教育概念的界定，并结合李曼丽等学者的观点，将通识教育的概念归纳为：通识教育是一种以学习统整的知识培养统整的人格为理念，以非专业性的知识为内容进行整体性、系统性的课程规划，通过教学安排、教学评价等教学过程，为学生提供除了专业学习以外的人文、社会、科学等知识领域的视野，实现将学生培养成为道德高尚、有责任感、眼界开阔、思维敏捷、身心健全、感情丰富等综合素质强、全面而持续发展的人的目标的人才培养模式。实施通识教育能发挥培养综合型人才、传承人类文明、塑造文化共识和公民社会等的作用。

（二）通识教育的国内外研究现状

1. 国外研究现状

（1）关于通识教育内涵的研究

通识教育内涵研究是通识教育一切相关研究的基础。学者们对通识教育内涵的研究主要从通识教育的内容、对象等角度出发，基本形成了通识教育能够提高学生综合素质的共同认识。

从通识教育内容的角度出发，学者们认为，相比于专业教育，通识教育能够为学生提供更全面的知识。帕卡德将general education（普通教育）从中小学教育引入高等教育时，就从知识的角度阐释了其重要性。他认为大学生应该学习除了专业以外更全面的知识来获得更全面的素养。亚瑟·列文也认为，相比于专业教育的深度，通识教育注重的是课程的宽度。从知识的角度出发就会涉及通识课程的范围该如何界定，波尔等学者就这一问题提出，不论学生是否能够有精力习得尽可能多的知识，作为提供通识教育的一方来说有义务为学生提供这样的机会。从学生的角度出发，学者们主要围绕通识教育对学生在专业知识学习以外的能力和品格的作用进行研究。哈佛大学多明戈教授认为，通识教育的重要性体现在它对学生教育的巨大作用是在走出校园之后的发挥，也就是当课本上的知识被遗忘之后学生的行为还能否适应社会的需要。Mc Grarh则认为学生的日常行为包括对社会的认知、信仰和思维习惯等，这些行为能够对文化延续起到积极的作用。

（2）通识教育课程的相关研究

学者们对通识教育课程相关的研究，主要是从通识教育课程模式和课程实施效果两方面展开，旨在分析何种课程模式更具科学性，以提高通识教育课程质量。在对通识教育课程模式的研究上，学者们分析了不同的课程模式形成的内在逻辑。理查德·莱文对美国的通识教育课程模式进行了梳理和总结，归纳出四种通识教育课程模式，分别为分布必修型课程模式、核心课程模式、名著课程模式、自由选修课程模式，并得出了通识教育课程模式来源于西方几大经典哲学基础的理论。还有学者就其中的某一课程模式发表观点，如罗索夫斯基认为，核心课程模式强调的是获取知识的方法，尤其适合终身学习和多重职业。

还有学者用实证研究的方法研究通识教育课程的实施效果。例如：罗伯特围绕提高学生的学习效率，探讨了不同的学习方法对通识教育效果的影响，他通过大量实验得出有效达成通识教育目标的方式是体验式学习的结论，为学习通识教育课程提供了科学的方法。甘夫和戴维斯认为，学生的态度会影响通识教育课程的效果。马兰迪以爱达荷州立大学为个案指出，怀有功利思想的学生不能够配合教师完成通识教育的目标和任务，只有克服功利思想，才能真正地提高通识教育的教学效果。

(3)通识教育与专业教育关系研究

工业革命以来,大学中专业教育逐渐占据主要地位,而通识教育在大学中的定位变得模糊,于是学者们开始探讨通识教育与专业教育的关系。

一些学者认为,通识教育和专业教育是两种独立的教育模式。1973年亚瑟·列文等人指出,通识教育在目标不清、效果不佳时,专业教育就会取代通识教育成为大学的首要选择。里特尔也认为专业教育的思想根深蒂固,只要专业教育模式一直存在下去,通识教育就没有刻意施展的空间。

另外一些学者认为,通识教育和专业教育可以共存。持此观点者认为,专业教育的内容是通识教育内容的一部分,受过专业教育的学生必须在接受知识更宽泛的通识教育之后成为一个全面的人。卓塞尔指出,接受通识教育的人必须掌握一门专业技能,但同时也必须依靠通识教育成为这一专业领域的人才,并且对社会负起更大的责任。哈佛大学出版的《哈佛通识教育红皮书》是通识教育研究领域的指南。书中指出,专业化的人才培养模式不能解决人的全面发展的问题,通识教育应该和专业教育一起构成高等教育的全部内容,为培养人成为目的而不是工具共同努力。

(4)通识教育的重要性研究

对通识教育重要性的研究,应该明确通识教育能够发挥哪些作用。学者们不仅肯定了通识教育对经济发展的促进作用,还更加强调通识教育带来的精神价值,以及对学生思维锻炼的作用。

一方面,通识教育能够对大学生价值观进行引导。道尔顿和克罗斯比认为,对学生的道德观念和行为进行引导是大学的责任。福克斯和韦斯特布鲁克也认为,通识课程要迎合社会的价值诉求。罗斯金也曾提出与教育有关的理论和政策等问题并非技术能够解决的,而是应该反思教育中的伦理关系以及背后的政治因素。

另一方面,通识教育具有塑造人文价值的重要功能。克龙曼呼吁现代大学要复兴传统大学中的人文传统,在文学、历史、哲学等著作的阅读中发展批判性的态度从而探索人生。德雷克·博克用实证的方法考察了美国大学教育的不足,他认为,目前多数大学生虽然专业提升很高,但在基本的写作、批判性思维等方面不够理想,进而结合大学人才培养目标提出,作为一名合格公民应具备理性表达、批判性思考等方面的品格。

2. 国内研究现状

(1)通识教育概念与内涵的研究

对通识教育概念的界定一直是学术界争论的话题。因其本身包含内容非常广泛,不同的时代对通识教育所发挥的作用要求不同,学者们往往认为通识教育是一个历史范畴,根据研究的角度不同做出了相应的解释。

一些学者是在纯粹的概念释义上展开的，没有区分通识教育和general education。李曼丽、汪永铨使用理想类型方法对当时已有的50种通识教育内涵表述中常用的若干共同核心概念进行分析，认为通识教育的内容是除了专业知识以外的、不直接服务于学生就业的那部分知识。陈向明认为，通识教育是一种完整的人才培养模式，目标是培养比专业人才更加完整的人。

一些学者从目的出发对通识教育内涵展开研究。如黄坤锦在《大学通识教育的基本理念和课程规划》中提出的通识教育精神；王义遒在《大学通识教育与文化素质教育》中提出的通识教育是"要使学生为将来正确做人和做事练就基本功"。

一些学者从中国传统文化中寻找通识的内涵。如台湾大学黄俊杰教授指出，通识教育的思想可以追溯到我国古代的儒家、道家、法家等的教育理念。陈洪捷从知识的角度分析了中国传统通识教育与意识形态、专业教育和学术知识的关系，并用比较的方法从中西对比的角度分析了中国古代通识教育的特点。陆一从中国传统文化中对通识字义的理解出发，揭示了"通""识"二字所具有的中国文化属性。她认为，潘光旦在《大学一解》一文中所使用的"通识"是基于中文语境的。通过对比通识教育与general education的差别，解释了两个概念隐含的中、西方在政治思想、社会形态及其相应理想人格上的异同。2019年，扬州大学社会发展学院的杨方等人从中国古代经典史学著作中探讨了通识的意涵，给出了传统通识的基本标准，即：道德高尚，行为世范；刻苦治学，博通经籍；熟悉政治，精明能干；识时明势，果于去就。并在对"通"的三个境界阐释中，认为"专通"是第一境界。

（2）通识教育与专业教育关系的研究

对通识教育与专业教育的关系，国内的研究有两种观点，一种观点认为两者是对立的。如王义遒提到，通识教育以开设通识课程的方式对专业教育进行补充。对此，庞海芍等人也持相同意见，他们认为通识教育从育人目标上来说不过分强调学习与就业之间的关系，这与专业教育强调应用的特点恰好相反。陈向明认为我国高校目前的做法就是将两者对立起来，不仅没有达到通识教育的效果，反而使通识教育课程沦为"水课"。另一种观点认为，通识教育和专业教育并非对立的关系。如张东海认为，通识教育涵盖了大学教育的全部内容，它具有更广泛的育人理念，即使是专业教育也应该遵循这一理念来培养学生健全的人格。

（3）我国通识教育课程研究

围绕我国通识教育课程展开的研究主要有四个方面，分别是课程存在的问题、课程改革、师资研究、教学评价，旨在从教学的角度研究通识教育课程，进而改善通识教育的质量。

第一，通识教育课程存在的问题及原因研究。陆一等人用实证研究的方法从学生个人先赋因素、学业特征、通识课程教与学等方面探究了通识教育效果的影响因素。田杰等人认为，通识课程变成"水课"的深层次原因在于师生采取一种见机行事的"共谋"行为、教育资源缺乏科学的整合、通识教育体系的衔接不紧凑以及对通识教育的重视度不够。

第二，通识教育课程改革研究。陈向明的研究构建了通识教育"四元四维"课程体系，即"学会做人—追求完美—价值论，学会做事—追求仁义—实践论，学会学习—追求至善—认识论，学会研究—追求真理—本体论"，培养学生将物质生产和精神生活相结合的能力。黄和飞等学者基于调查结果，分析了高校通识教育选修课实施过程中存在的问题，并提出优化课程体系和教学内容、改进教学方式等对策建议。

第三，通识课程师资研究。苏方勇认为"通识课教师不通识"是我国高校通识教育无法实现其预设目标的重要原因。

第四，通识课程教学评价研究。李曼丽等学者围绕学生应具备的五种能力结构提出理论构想，编制了大学生通识能力测评问卷。

二、高校通识教育与优秀传统文化教育的契合性

通识教育的本土化教学要求和高校传统文化的有效传承，使得二者在育人价值目标、文化功能诉求、教育内容追求等方面存有一致性，这也决定了二者在高校教育当中有着必然的契合性。

（一）通识教育是传统文化教育的实现载体

1. 通识教育注重人格主体塑造

"通识教育是一种'人'之觉醒的教育"，更加注重有关人文、社会和自然的基本知识教育，以完善个体的知识体系，提升思辨能力，优化智能结构，学会对知识融会贯通，使得受教育者得到和谐全面的发展。优秀传统文化教育的特点之一，在于塑造人的全面性，不仅要求能对文化知识触类通达，拥有宽广的知识界限，还要注重对德行的培养，并将个人品质德行作为文化教育的核心，目的在于培养出德才兼备的人。因此，二者都注重受教育者的人格塑造，将立德树人作为育人使命，努力培养出全面发展的优秀人才。

2. 通识教育强化文化经典引领

"通识教育是以经典教育为核心的教育"，在课程设置上，大多通过经典传授和核心课程教学，在人才培养过程中，加强经典阅读，在历史与现实、理论

与实际之间，架构智慧互通的思维桥梁。而优秀传统文化，都沉淀在历史经典当中，历史经典中的价值判断即优秀传统文化、民族文化的关键内核。通识教育中的文化经典引领，能让受教育者认识到文化价值所在，加深受教育者对优秀传统文化的自觉意识。

3．通识教育提供多维尺度借鉴

通识教育的目标定位，除了促进人的全面发展，加强文化自觉意识，还有塑造共同的社会主义核心价值观。传统文化有不少精华，但也不乏糟粕，尤其是面对更加丰富多维的西方文化，文化的差异和认知背景的不同，导致对于文化认知有不同的理解立场和维度，特别是缺乏文化积淀的当代大学生，在理解不同文化知识的过程中，会存在不同程度的理解偏差或立场不明等问题。通识教育以课程教学为载体，弥补第一课堂和第二课堂的不足，加深文化素养的培养，为受教育者理性审视传统文化价值以及开展教育提供尺度借鉴。

（二）传统文化教育为高校通识教育提供素材

1．传统文化的精髓为通识教育提供有益成分

我国传统文化源远流长，有十分丰富的文化资源，对于个人修养的重视是传统文化的特点。通识教育体现的是对人的关怀，提倡实现人的全面发展，在育人过程中更倾向于对人文、社科知识的整合与理解，这与本民族的优秀传统文化密切相关。在通识教育育人背景下，高校需要再度审视传统文化，挖掘其中的文化要点和精髓，不断引导当代大学生回到人之本身，丰富个人精神世界，设立更高的人生目标，实现自我价值。

2．传统文化内核契合通识教育育人目标

通识教育重在"育"而非"教"，没有专业的硬性划分，它提供的选择是多样化的。传统文化重视个人修养的提升，大多以"大学问家、大思想家"为榜样，他们身上有着独立人格与独立思考的可贵品质，而这正是通识教育育人的终极追求。教育不是车间里的生产流水线，要开发、挖掘出不同个体身上的潜质与精神气质，通识教育是要"孕育"出真正的"人"而非"产品"，这正好契合传统文化中的修身养性之道。

三、通识教育视域下高校优秀传统文化教育存在的问题

（一）重视程度不够

传统文化的核心精神与高校育人之道是一脉相承的，但有的高校热衷于追求高招生率、报到率和就业率，注重对大学生专业知识和技能的训练，忽视或淡

化大学生的人文素质教育，传统文化教育呈现边缘化趋势，从而影响了优秀传统文化教育的效果。

在学科建设上，注重专业知识和实用化的学科教育，轻人文教育；在教学成效上，忽视了学生政治品德的考核；在学习时间分配上，学生对传统文化知识的学习时间较少；在课程设置上，许多高校将文化课程设置为选修课，不能全覆盖地对高校大学生开展传统文化教育；在教学组织上，教师在课堂教学上缺乏规范性，对大学生的学习成果不够重视。高校传统文化的育人氛围不浓厚，潜移默化地影响了传统文化教育的成效。

（二）师资力量薄弱

通识教育背景下进行传统文化教育，对教师的知识结构、学术造诣以及人文素养有很高的要求，但当前，在开展通识教育的过程中，从事通识教育的教师队伍无论在数量方面还是质量方面都薄弱于从事专业教育的师资力量。首先，通识教育教师行列中还比较缺乏综合素养较高的教师，而通识教育教师的综合素养高低决定了通识课程质量的优劣。例如在讲解经典著作时，教师的解读深度和维度决定了受教育者能否了解和传承经典文化中博大精深的内涵。其次，通识教育在课程设置上，大多通过选修课进行传统文化教育，教学时长远低于专业课的教学时间，影响了受教育者对传统文化系统、深入的思考与吸收。最后，通识教育背景下进行传统文化教学的形式和渠道还较为单一，大都是运用课堂教学的形式，缺乏生动性和多样化，难以调动受教育者的学习主动性和积极性。

（三）传统体制机制的束缚

通识教育旨在培养学生获得全面的知识，企图打破由于教学单元和行政单位形成的传统体制机制的束缚。在现有大学教育教学过程中，学校进行明确的院系专业划分，对学院、系所、学科、专业进行区分，这种泾渭分明的划分，界限十分清晰，容易形成极具行政化和稳固化的特征。目前大学的教学活动更多的是从院系二级单位出发，院系单位更多的是注重专业教育，注重传授学生的专业知识，锻炼学生的专业技能，培育学生的专业精神，而忽视了以通识精神为引领的专业教育以及传统文化等通识课程的素质教育。由此可能出现的情况是，在学校教务部门非常重视传统文化等通识教育类课程，但在院系二级单位并不十分重视，因而出现了传统文化等通识教育类课程开发不足、积极性不高，教务部门和院系单位权责划分不清等问题，这些问题客观上成为高校进行传统文化教育过程中最大的体制机制问题。

四、通识教育视域下高校优秀传统文化教育的实践路径

（一）坚持通识教育"全人"培养目标

加强高校通识教育，目的是让受教育者通过文化知识学习，掌握更丰富的知识维度，进而引导受教育者回归到人本精神之中，实现全面发展。因此，在发展通识教育时，要牢牢围绕这个目标展开工作，将传统文化教育引入到通识教育体系中，传播优秀传统文化的精髓要义。在通识教育培养过程中，去除专才教育的弊端，注重人文教育，培养学生对传统文化的思辨、分析和选择能力，提升学生对知识融会贯通的能力，将掌握的人文知识转换成人文素养。

（二）加强通识师资队伍建设

首先，优化课程体系，将传统意义上的公共选修课设置为精品课程，对优秀传统文化进行精讲、精读，突出学习重点，保证通识教育质量。其次，拓宽教学平台，利用互联网平台，开设传统文化专栏，建设线上教育平台，并提供优良的学习课程及资源。再次，丰富教学形式，通识教育配备相关传统文化课题研究团队，邀请专业的传统文化学者开展专题讲座，使得受教育者能够主动地、系统地、经常地接触并学习传统文化。最后，增加课程种类，除了文化概论、通史类、传统艺术鉴赏、传统艺术学习等课程外，还可以开设以引导价值观教育和人格塑造为直接目的的课程。

（三）重视文化经典的研习

通识教育是对受教育者进行充分启蒙的教育，在对传统文化进行学习的过程中，必须重视对文化经典的学习，展开对经典文献的阅读，使得受教育者能够直接与大师对话，深入理解传统文化的起源、发展脉络及历史背景，巩固受教育者对文明和价值观的认同以及对民族传统的尊重。在教学设置上，除了进行传统的课堂讲授，还可以通过读书会、小组讨论等形式，进一步加强受教育者学习文学经典的专注度，调动其主动阅读的兴趣。在授课过程中，布置大量的背景阅读书目，并指导学生在阅读、撰写报告、小论文之后进行小组讨论，进一步指导学生研讨学习经典文化，切实训练学生独立思考和解决问题的能力。

（四）整合优秀传统文化教育资源

我国正处在社会转型期，在多元价值观的冲击下，目前高校大学生对优秀传统文化了解甚少，更有甚者认为传统文化是迂腐的。要使受教育者改变错误观

点，需要重新整合优秀传统文化资源，使其满足高校通识教育素材的需要。一方面是加强基础性的价值引导课程，使受教育者正确辨析优秀传统文化的社会价值，消除受教育者对传统文化的偏见，树立客观正确的认知。另一方面，对传统文化进行剖析，对其中的个人伦理、社会伦理、国家伦理等观念进行整合，形成一个关于个人、家庭、社会、国家等的价值规范体系。随着社会的不断发展，优秀的传统文化需要融合时代需求，抵御其他文化的价值冲击，吸收文化精髓，给受教育者带来内涵丰富的文化熏陶。

第二节 高校德育教育中融入中国优秀传统文化教育

一、德育教育概述

（一）德育教育的概念

德育教育是道德活动的重要形式之一。指一定社会或集团为使人们自觉遵循其道德行为准则，履行对社会和他人的相应义务，而有组织有计划地施加系统的道德影响。它是一定社会或集团的道德要求转化为人们内在品质的重要条件之一。

在多数国家的学校德育仅指道德教育，我国学校的德育教育泛指政治教育、思想教育、道德教育等，实为社会意识教育。政治教育指形成学生一定政治观念、信念和政治信仰的教育；思想教育是形成学生一定世界观、人生观的教育；道德教育即促进学生道德发展的教育。

（二）我国德育教育的特点

1. 德育思想具有历史延续性

虽然说在中国古代，并不存在严格意义上的德育教育，但在古代社会约定俗成的风俗和诸子百家的学说中，德育思想融汇于其中。不同于当代社会意识的独立分类存在，在古代社会，道德同社会意识的其他方面是融于一体的。古代道德是以儒家学说修身达人的伦理观念和道德教化的政治观念为主体的，包含着各种各样的社会秩序和伦理关系，并充当着调节这些关系的手段。因此，古代德育思想的内在含义要比当代德育教育的内容更为广泛和丰富。

如果将古代德育思想做一个概括，便是"修身、齐家、治国、平天下"。"修身"是基础，"齐家、治国、平天下"是目标，这对个人对社会都提出了要求，个人自身的道德修养是帮助国家与社会进步的基础，而国家和社会所营造的和谐的文化氛围，又为个人修养自身提供了环境。将个人的成长与社会和国家的发展结合在一起是古代德育思想的核心内涵，并一直深刻影响着中国德育思想的变迁，在历经近代新旧道德之争、新中国建立和发展后，不论是对古代封建道德中糟粕的批判，还是对西方道德的学习，抑或中国特色社会主义道德建设，中国德育思想的发展从未中断过，其独特的历史延续性也为当代中国德育教育理论的发展提供了可以借鉴的经验。

2. 以"人"的培养作为德育教育的核心

古代德育思想强调"人"的道德素养，到了近代虽有私德与公德之争，但争论的重点仍是以"人"的道德发展为中心的。因此，中国的德育教育归根结底是强调培养和提高"人"的思想道德素养为目标的教育。思想道德素养是什么？思想道德素养是以"人"作为出发点，指生活在一定社会环境中的人按照一定的道德准则出发，在处理个人与他人、个人与社会的关系时所表现出来的基本的行为方式和稳定的心理特质，以及人们的道德认识、文化涵养和对道德准则的接受程度。

结合历史来看，中国德育教育始终将"人"的内在修养与发展当作本质发展和核心，并注重德育之于国家和社会的重要性。始终将个人的道德素质与国家的发展联系在一起，个人道德素质的提升有助于国家和社会的进步，这种进步反过来也会影响着个人对道德素质的自我提升。在这样的条件下，立德树人作为教育的根本目标是大势所趋，志之所向。

3. 始终与时代需求紧密结合

从古至今，德育教育内容的发展从来不是一成不变的，而是顺应着时代潮流，根据社会发展需求做出调整。从古代诸子百家的学说争鸣到近代社会新旧道德变革之争再到社会主义道德观的确立，中国德育教育内容始终找寻合适的内容与转化。五四运动之后，随着马克思主义在中国大地上的传播，古老中国的道德观找到了新的延续方式，中国的德育教育内容始终以马克思主义为指导，坚持现代性、开放性和大众性的指导原则，立足现实，取其精华，去其糟粕，古为今用，推陈出新，建立了以社会主义核心价值观为中心的、以"人"的培养和提高为目标的、符合中国社会发展潮流的社会主义道德观。

二、当前我国高校教育中德育首位的必然性

对于德育的客观效用，历代的思想家曾从不同的角度进行过生动的揭示。中国的先哲们把教化视为个体获取社会性的必由之路；在西方，人们将公民政治美德的培育视为善良之邦确立的基础，同时也将德行的大小视为决定个体成就大

小的重要因素。尽管由于脱离实际的经济关系和过分夸大德育的效用而陷入了唯心主义的泥潭,但就整体而言,我们确实看到了不同时代中不同阶级的思想家都十分重视德育在人类社会发展中的重要作用。

(一) 把德育放在首位是高等教育规律的内在要求

高等教育是一个完整的系统工程,包括德育、智育、体育、美育和劳动技能教育的全面发展。教育者要根据不同年龄、不同环境的人的不同特点和规律,采取不同的方法和手段进行教育,以适应社会的需要,为社会服务。德育是高等教育的一项重要内容。德育的任务是用马克思列宁主义、毛泽东思想、邓小平理论、"三个代表"重要思想、科学发展观和习近平新时代中国特色社会主义思想,教育人树立正确的世界观、政治观、道德观和人生观,以形成社会主义、共产主义的道德品质。在学生成长过程中,德育有着不可替代的功能,始终处于统帅地位。

政治上占统治地位的阶级,必然要通过学校的教育,以德育的方式将本阶级的阶级意志、阶级思想和阶级利益,渗透在各级、各类学校的教育、教学活动之中,以培养出服务阶级统治的人才。社会主义高等学校所培养的人才,必须是德才兼备,具有正确的世界观、人生观、价值观和政治观,具有符合社会规范的道德意识和行为,等等。正确的德育观是学好科学文化并运用其为社会服务的保证。现代高等教育规律要求德育、科学与人文等素质教育有机地结合起来,互为补充、相互促进。高校德育与其他教育活动相比,客观上具有特殊地位,具有特殊规律。人才的基本素质包括思想道德素质、业务知识素质、文化艺术素质和生理、心理素质,但是思想道德素质对于各方面素质全面协调发展起着至关重要的导向作用、动力作用和保障作用。这是德育区别于其他教育活动的显著特点,也是把德育放在首位的原因所在。

(二) 把德育放在首位是社会主义教育的本质要求

在阶级社会里,社会意识形态具有鲜明的阶级性,社会意识形态的主流意识从来都是统治阶级的意志和思想观念的反映。我们社会主义国家的教育,是社会主义培养各种专门人才的教育。一方面,社会主义的经济和政治决定了社会主义教育的性质、目的、制度、方针和教育的思想政治内容。我们所进行的改革开放是社会主义的改革开放,我们所实现的现代化是社会主义的现代化,我们所发展的经济是社会主义的市场经济。社会主义教育的目的,是培养社会主义事业所需的各类人才,要求培养出来的人才必须为社会主义建设事业服务。把德育放在首位是培养社会主义事业的建设者和接班人的重要保证,是高校坚持社会主义办学方向的根本标志。另一方面，只有物质文明和精神文明协调发展，齐头并进，才能建成中国特色社会主义。社会主义精神文明是社会主义社会的重要特征，建设高度的社会主义精神文明是社会主义现代化建设的重要目标。精神文明建设为物质文明建设提供了强大的精神动力，并且保证它的正确发展方向。加强社会主义精神文明建设，对促进社会主义市场经济体制的建立和完善、扭转社会风气、推动社会发展具有全局性的意义。因此，社会主义国家必须要重视包括道德教育在内的精神文明教育。

（三）把德育放在首位是时代发展与社会进步的必然要求

目前，我国正处在改革的攻坚阶段和发展的关键时期，这个时期也是我国社会从传统社会向现代社会、从农业社会向工业社会、从封闭性社会向开放性社会转型的时期。在社会转型的过程中，社会分化的速度、深度和广度比以往任何时期都要深刻，以至于新的社会矛盾大量积聚，因此，这个时期也被称为"矛盾凸显期"。与此同时，现代科学技术迅猛发展，人们对社会物质和精神生活的需求情况也发生了很大变化。在文化和知识领域，信息来源日益广泛，泥沙俱下，这无疑加大了人们辨明真伪的难度。在高校，由于教育体制改革触动了诸多方面的利益，旧的矛盾尚未消除，新的矛盾又在积蓄，在人们的思想观念和高校的意识形态领域都呈现出复杂化和多样化的趋势。如何处理这些矛盾，直接关系到改革开放的成败，也直接关系到社会主义和谐社会能否实现。

唯物史观认为，社会存在决定社会意识，社会意识又反作用于社会存在。在诸多的意识形态中，先进的政治观点代表着历史潮流的方向，反映着社会发展的要求，是人民群众认识世界和改造世界的强大精神武器，对社会的发展起着巨大的推动作用。从现实来看，改革开放、建立社会主义市场经济体制过程中的大量新情况、新问题，给社会主义思想道德建设带来的影响是双重的：一方面为做好高校德育工作提供了有利条件，另一方面也对高校德育工作提出了新的要求。把德育放在首位，把德育工作作为素质教育的核心内容，这是时代发展和社会进步对教育工作提出的新要求。

（四）把德育放在首位是大学生成长成才的客观需要

大学阶段是人生发展中的重要时期，也是世界观、人生观、价值观形成的关键时期。在这一时期，由于年龄小和社会阅历较浅，大学生往往处于矛盾和困惑、迷惘和彷徨的痛苦选择过程中，渴望得到正确的引导。我国社会主义市场经济的深入发展，社会经济成分、组织形式、就业方式、利益关系和分配方式的日益多样化，为大学生的全面发展创造了更加广阔的空间，与社会进步相适应的新思想观念正在丰富着他们的精神世界。与此同时，一些领域道德失范、诚信缺失、欺骗欺诈活动有所蔓延；一些地方封建迷信、邪教和黄赌毒等社会丑恶现象沉渣泛起，成为社会公害；一些人价值观发生扭曲，拜金主义、享乐主义、极端个人主义滋长；以权谋私等消极腐败现象屡有发生；等等，也给大学生的成长带来不可忽视的负面影响。互联网等新兴媒体的快速发展，给大学生学习和娱乐开辟了新的渠道。与此同时，腐朽没落文化和有害信息也通过网络传播，腐蚀大学生的心灵。在各种消极因素影响下，少数大学生精神空虚、行为失范，有的甚至走上违法犯罪的歧途。

大学生种种的困惑和矛盾，从根本上说是世界观、人生观和价值观正确形成面临的问题。这就要求我们加强高校德育工作，深入进行爱国主义、集体主义、社会主义和中华民族精神教育，大力加强公民道德教育，切实改进高校德育工作，广泛开展精神文明创建活动和形式多样的社会实践、道德实践活动，积极营造有利于大学生成长成才的良好舆论氛围和社会环境，不断提高当代大学生的综合素质，为他们高尚思想品德的形成以及全面发展打下坚实的基础，使他们能够拥有一个充实的、有意义的、有尊严的幸福人生。

三、高校德育教育中融入优秀传统文化教育的实践路径

（一）教学中应突出对中国优秀传统文化的融入

思想政治理论课是高校对大学生进行思想政治教育的主渠道、主阵地，有助于大学生树立正确的世界观、人生观、价值观，有益于他们的健康成长和全面发展。中国优秀传统文化是政治伦理型文化，它可以涵养大学生心性、培植大学生道德，具有教育人、熏陶人、感染人、完善人、塑造人的功能，可以实现"精神成人"。这就使得，中国优秀传统文化可以融入高校思想政治理论课之中。当然，理论的应然性并不等于现实的实然性。问题在于，我们要寻求到融入的内容、方法及路径。

就内容而言，高校每门思想政治理论课可谓自成一体；但就目标而言，它们又具有共同的目标，那就是引导大学生形成高尚的思想品德，帮助大学生树立正确的世界观、人生观、价值观，正确认识人类社会发展的基本规律，使大学生坚定在党的领导下走中国特色社会主义道路的信念。因此，从这个意义上说，高校思想政治理论课又是一个整体。中国优秀传统文化融入高校思想政治理论课应结合每门课程的特点进行。如思想道德修养与法律基础课可依据教材的内在脉络进行融入，实现将教材体系向教学体系转化。在进行理想信念教育时，思想政治理论课教师可以融入英雄人物的事迹，让大学生认识到：理想信念可以指引大学

生的奋斗目标、提供前进动力、提高精神境界，从而避免单纯讲解的抽象性。在进行爱国主义教育时，教育者可融入戚继光等人的事迹。在进行道德教育时，思想政治理论课教师可以融入"孔融让梨""六尺巷""吴兢修史只唯实""尉迟恭富不易妻"等优秀传统文化。毛泽东思想和中国特色社会主义理论体系概论课可结合马克思主义中国化理论的讲解进行融入。中国近现代史纲要课可结合林则徐等人的家国情怀进行融入。马克思主义基本原理概论课可从发掘二者相同点的视角进行融入，"有无相生，难易相成"与对立统一规律相通，"积土成山""积水成渊"与质量互变规律相一致。

当然，这种融入并非仅仅插入几个事例，而是要将优秀传统文化与基础课水乳交融、相得益彰，要将优秀传统文化持续不断的生命力传承给大学生，滋养、感染、教化他们，引起他们思想的共鸣，实现提升大学生思想政治素质的目的。

（二）提升思想政治理论课教师的中国优秀传统文化素养

思想政治理论课教师是思想政治理论课教学的组织者和实施者，要实现把中国优秀传统文化融入高校思想政治理论课之中，就需要思想政治理论课教师拥有深厚的中国优秀传统文化素养，其素养的高低影响教学的效果。这就要求，高校要重视、提高思想政治理论课教师的优秀传统文化素养，要使优秀传统文化滋养他们的生活。

首先，加强对高校思想政治理论课教师的培训与深造。

培训与深造是提升教师素养的重要手段。近些年来，教育主管部门组织了相关的优秀传统文化培训，高校要鼓励思想政治理论课教师积极参加外出培训。但这种培训是短暂的，效果难以持久。为此，高校要鼓励思想政治理论课教师进修深造，鼓励他们"走出去"，进行系统学习。通过培训深造，高校思想政治理论课教师能够领悟中国优秀传统文化的价值，从而提升他们的优秀传统文化素养，同时也增强他们对当代大学生进行优秀传统文化教育的自觉性和责任感。

其次，增强高校思想政治理论课教师对优秀传统文化的研究、研讨。

培训与深造是提升高校思想政治理论课教师中国优秀传统文化素养的重要手段，增强高校思想政治理论课教师对优秀传统文化的研究与研讨也是重要手段。为此，高校及其教育主管部门可制定优秀传统文化课题研究指南，以增强高校思想政治理论课教师对优秀传统文化课题的研究。同时，高校思想政治理论课教师之间也要加强切磋、研讨。高校思想政治理论课教师通过对优秀传统文化的研究、研讨，可加深对优秀传统文化的认识，增强对优秀传统文化的领悟能力，提高优秀传统文化素养。

当然，深厚的优秀传统文化素养可以从理论上征服大学生，使大学生悦纳优秀传统文化，从而提高大学生的思想政治素质。同时，高校思想政治理论课教师还需要把优秀传统文化外化为行，通过自身的人格垂范，潜移默化地影响大学生，提高他们的思想政治素质。

（三）在实践活动中增强中国优秀传统文化教育

"理论只要说服人，就能掌握群众；而理论只要彻底，就能说服人。"这段话强调了理论说服力的重要性。但人们要深化对理论的认识，并不能只是从理论到理论，还需要把中国优秀传统文化融入实践活动之中。通过实践活动，人们会进一步深化对中国优秀传统文化的理解。中国优秀传统文化无可辩驳地具有理论说服力，但大学生要深化对它的理解，不仅要学习理论，更要实践理论。也只有通过实践活动，大学生对中国优秀传统文化才有深刻的感悟，他们所理解的中国优秀传统文化才不是字面上的。这正所谓"纸上得来终觉浅，绝知此事要躬行"。

1. 在传统节日活动中增强中国优秀传统文化教育

传统是我们挥之不去的基因。正如美国文化社会学家E.希尔斯所说："即使我们承认，每一代人都要修改前辈传递下来的信仰和行为范例，我们还必然会发现，大量的信仰过去被拥护，现在仍然被拥护，许多行为范例过去被奉行，现在仍然被奉行，而且，这些信仰和模式与近期出现的范型相互并存。"尽管今天的大学生对情人节、平安夜、圣诞节等西方节日如数家珍，也兴趣十足，但不可否认的是，中华民族的传统节日并没有远去，我国还把部分传统节日列为法定节假日。节日充满了娱乐的气氛，也是大学生期待的时刻。这只是问题的一面，还有另一面，大学生虽然期待传统节日，但他们中的一部分已不知晓、不在乎它的来源，更不去探究它的意义，而只是把它作为放假休息的缘由。这既是大学生中国优秀传统文化缺失的表现，同时也说明他们没有理解传统节日的深厚意蕴。这就需要在传统节日期间，以学院或班级为单位组织活动，强化对大学生的中国优秀传统文化教育。

中国的传统节日很多，既有全国性节日如清明节、端午节、中秋节等，也有地方性节日，如壮族"三月三""七月半"等。我们以端午节为例，从"包""话""诵"三个环节入手，对中国优秀传统文化的传承加以说明。在端午节来临之际，我们可以组织大学生"包"粽子活动，让他们在轻松愉快的氛围中，感受中国优秀传统文化的源远流长。在蒸粽子期间，我们可以组织大学生"话"屈原，让他们了解端午节的来源，丰富他们的文史知识。在大学生品尝自己的劳动果实之后，我们可以组织大学生诵读《离骚》片段，让他们领会《离骚》的大气磅礴，其词如大江之水，浩浩荡荡，感情充沛；同时也让他们感受到屈原刚正不阿的个性以及忧国忧民的情怀。当然，活动只是载体。我们不是要"复活"古人，更不是为活动而活动，活动的目的在于要增强大学生对中国优秀传统文化的感悟，增强大学生的爱国情怀。

当然，传统节日不同，组织的活动也不同，但每个活动都应有自己的落脚点。如在清明节组织活动，就要让大学生领悟：我们今天的幸福生活来之不易，对先烈、先祖要有崇敬之情，要心怀感恩，要加强人格修养；在重阳节组织活动，就要使大学生懂得孝道的重要性，要崇尚孝道。凡此种种活动，就是要让大学生在轻松的氛围下，悦纳中国优秀传统文化，从而在悄无声息中，提升大学生的家国情怀、社会关爱和人格修养水平。

2. 在校园文化节活动中增强中国优秀传统文化教育

校园文化节已成为高校一道亮丽的风景线，时尚的舞姿、欢快的音乐、大学生的青春气息，给人们留下了深刻的印象。欣赏之余，有时不免让人感慨：校园文化节虽然光鲜照人，但却显得那么单薄，没有厚重感。究其原因，就在于校园文化节过多地强调了现代的元素，而缺乏优秀传统文化的融入，或者说优秀传统文化元素的融入还不够。这就要求在校园文化节期间，要组织关于中国优秀传统文化的相关活动，以加强大学生思想政治教育。

其实，在校园文化节期间，可以组织很多活动。例如高校团委、院系等部门可效仿中央电视台组织的《中国汉字听写大会》《中国成语大会》《中国诗词大会》，在学校组织相类似的文化活动，激发大学生学习汉字、学习成语、学习诗词的热情。实际上，每条成语的背后都有一个故事，它们都是前人智慧的总结。再如，校园文化节的组织部门可以邀请一些传统文化名人、非物质文化遗产继承人走进高校，开展讲座，加强对中国优秀传统文化的宣讲。另外，校园文化节的组织部门也可以组织书法比赛、剪纸比赛、编织中国结比赛等，以此让大学生领悟中国优秀传统文化的丰富多彩。通过组织这些活动，不仅可以让大学生进一步加强对中国优秀传统文化的认知和认同，更重要的是可以让大学生感悟人生、感悟社会。

总之，在校园文化节期间，把中国优秀传统文化融入其中，可以使校园文化节更加丰富多彩，也可以使校园文化节更加厚重。在寓教于乐中，使大学生悦纳、认同中国优秀传统文化，并把它融为自身的重要组成部分，使大学生领略到如何做人、如何做事、如何与人相处，从而改造大学生的主观世界，提升他们的思想政治素质和道德修养。

3. 在服务社会中增强中国优秀传统文化教育

服务社会是增强大学生中国优秀传统文化教育的重要方式。为此，高校可以组织形式多样的社会服务活动,如组织大学生就近为留守子女开展学业辅导,组织医学专业的大学生开展义诊,组织金融学专业的大学生进行反假币宣传等。高校也可以组织大学生到社区参加义务劳动。

当然,这些社会服务活动并不是为活动而活动,而是有其落脚点的,落脚点就在于深化大学生对中华优秀传统文化的认识和理解。组织活动和义务劳动是为了深化大学生对奉献精神的理解,增强大学生的家国情怀和社会公德意识。通过参加社会服务活动,大学生所理解的中国优秀传统文化,不仅是理论上的,而且是富有生机和活力的,是鲜活的。

总之,高校中国优秀传统文化教育,是一个从理论到实践、再从实践到理论的无限循环往复的过程。正是在这个过程中,大学生深化了对中国优秀传统文化义理的理解,从而升华了思想境界,促进了思想理论水平和思想境界的提高。

(四)在网络生活中融入中国优秀传统文化教育

网络与大学生的生活息息相关,也是当今大学生离不开的工具。高校中国优秀传统文化教育也需要借助网络的力量,把中国优秀传统文化融入其中,使大学生乐于接受,并提升他们的思想政治素质和道德修养。

1. 开辟中国优秀传统文化教育校园网站

为了实现把中国优秀传统文化融入网络之中,在校园网上开辟"中国优秀传统文化教育网站"是必要的。但问题在于怎样让大学生接受这个网站,并实现对网站资源的内化。为此,可从如下几个方面思考:

首先,要满足大学生的需要。

心理学表明,需要产生动机,动机支配行为。"需要是推动人类行为活动的原动力。"它深藏于人们的心中,"但它造就了人们的心理与行为,造就了人行为的发展轨迹"。这说明,人们的需要是人们行为的内驱力。因此,在校园网上开辟中国优秀传统文化教育网站,就要从满足大学生主体的多重需要出发,而不能只从网站建设者自身的角度考虑问题,自说自话。如针对大学生获取先秦诸子学说知识的需要,我们可以把《论语》《孟子》《老子》《庄子》等子学典籍数字化,制成精美的图片,放置在网站上,使大学生可以进行网络阅读;针对大学生自我实现的需要,可以组织优秀传统文化网络知识大赛,满足他们表现自我而获得成就感的需要;针对大学生热爱传统武术的需要,我们可以把太极拳等拳谱制成图片放置在网络上,同时配以真人演示的视频,使其不仅有图片,而且也有声音、图像,以使大学生更易于学习。总之,网站的建设要从大学生的需要出发。只有如此,大学生才愿意点击中国优秀传统文化教育网站,中国优秀传统文化的效力才能在大学生身上显现,大学生的思想品德素质才能提高。

其次，要突出解决大学生思想问题的能力。

便捷的浏览、精美的页面是网站所必需的。但这只能突出网站的灌输功能，并不能解决大学生中存在的深层次的思想问题，这就需要"中国优秀传统文化教育网站"开通网络互动的平台，突出解决大学生思想问题的能力。在日常生活中，大学生有很多思想问题，诸如同学之间关系的处理、恋爱问题等，他们无法诉说或不知向谁诉说，网络互动平台就给了他们倾诉的场所。当然，这样说，并非仅仅让大学生倾诉，而是要求网络教育者要针对大学生的心结，用中国优秀传统文化知识给予答复，从而实现网络互动，以解决大学生的思想问题。在这样的氛围中，大学生也将不再感到这是"主体—客体"的教育模式，也更容易接受。

再次，塑造高素质的中国优秀传统文化网络教育者。

在高校校园内，网络教育者是网络生活的组织者、引导者，其素质高低直接影响大学生对中国优秀传统文化的接受、内化，并影响大学生思想政治素质的提高。高素质的中国优秀传统文化网络教育者不仅要熟知中国优秀传统文化，而且还要能借助现代网络技术开展工作。但目前，高校在这方面却存在"两张皮"现象，那就是懂得中国优秀传统文化的教育者，却不熟悉现代网络技术。这就亟须塑造高素质的中国优秀传统文化网络教育者。一方面，熟知中国优秀传统文化的教育者要加强学习，要掌握现代网络技术，善用现代网络技术。在网络生活中，教育者不仅要用中国优秀传统文化的真、善、美感染、打动大学生，而且要能借助深厚的优秀传统文化底蕴，发表适当的网络评论，以征服大学生。另一方面，也可以让熟悉中国优秀传统文化或对网络技术娴熟的大学生参与其中，让他们参与制作网络页面或担任版块版主等，以便让他们进行自我教育，使他们对中国优秀传统文化由感性认识上升到理性认识，并用自己的言行感染、带动其他大学生，同时也使他们从受教育者逐渐成长为教育者。

2. 嵌入微媒介之中

随着科技的发展，尤其是智能手机的普及，微博、微信等微媒介悄无声息地把人们带进了微时代，因其传播速度快、传播内容的冲击力强，深刻地影响着人们的生活。大学生接受新生事物的能力强，微博、微信等微媒介由于注册简易、操作简便，已经成为当今大学生思想交流的重要网络工具。当前也需要高校教育者把中国优秀传统文化嵌入微媒介之中，突出"微力量"传承中国优秀传统文化的作用，以深化大学生对中国优秀传统文化的认识，从而使大学生内化优秀传统文化，提升他们的思想政治素质。

首先，重视微媒介平台的开通。

第六章　中国优秀传统文化融入高校人才培养全过程的实践

《关于进一步加强和改进大学生思想政治教育的意见》指出，要主动占领网络思想政治教育新阵地，形成网络思想政治教育工作体系，牢牢把握网络思想政治教育主动权。在微时代，高校需要开通各层面的微媒介平台，如高校层面的、高校有关部门层面的、高校思想政治工作者个人层面的。但这仅是微媒介传承优秀传统文化的基础，因为微媒介平台并不能自动传承中国优秀传统文化。这就需要教育者要通过各种方式，自觉地把优秀传统文化的内容渗透进微媒介平台，并使大学生接受。

其次，重视意见领袖的培育。

意见领袖是指在突发事件的产生、发酵和传播等环节中起主要推动作用的网民。他们拥有强大的话语权，在网络舆论领域具有引导作用。已有调查表明，很多大学生易受他人影响，从众心理明显。我们可以依据大学生的这种心理，在"微"生活中，培育传承优秀传统文化的意见领袖，以突出"羊群效应"。

"微"平台虽然是去中心化的平台。但不可否认的是，很多高校的教育者，尤其是辅导员对大学生的成长产生了重要影响，很多大学生也把他们作为人生导师和知心朋友，并希望能从他们那里获得权威信息。也就是说，高校的很多辅导员具有较强的向心力。为此，可以把他们打造成为意见领袖。在"微"生活中，也有一些大学生，他们很有思想和见解，能够独辟蹊径，引领"微"生活，深得其他同学的认同，我们也可以把他们培育为意见领袖。在意见领袖的微博、微信上，发布优秀传统文化的文字、音频、图片、视频等，通过粉丝的围观，并结合大学生的学习、生活、情感等现实生活问题进行探讨，使得中国优秀传统文化不再是空洞的、教条的，而成为具有思想温度的活的知识。在虚拟生活中，给大学生烹制一份精美的心灵鸡汤也可以深化大学生对优秀传统文化的理解，从而为提升大学生的思想政治素质打下良好的基础。

再次，重视"微"舆情的引导。

微博、微信等微媒介虽然方便了人们的生活，但"微"生活领域并非一块净土，也是泥沙俱下的。就优秀传统文化而言，在"微"生活中，也存在对它的歪曲理解；甚至有人打着优秀传统文化的幌子，传播着虚假的文化。这就要求教育者要细心甄别，重视舆论的引导。对微媒介中那些有利于大学生健康成长的优秀传统文化要积极转发。而对微媒介中那些被歪曲理解的优秀传统文化或虚假的文化，就要求教育者能够指出假象，说明危害，促进正确舆论的形成。大学生徜徉在优秀传统文化的"微"生活中，就会受到优秀传统文化的熏陶，优秀传统文化的精神也会像种子一样种进大学生的心中，从而生根、发芽，促进大学生思想政治素质的提高。

(五)营造中国优秀传统文化教育的氛围

氛围就如一个巨大的染缸,它是影响大学生思想品德的外部因素。因此,从这个角度而言,氛围也是思想政治教育环境中的重要组成部分。营造良好的氛围,有利于培育、优化思想政治教育环境,可以达到"蓬生麻中,不扶而直"的效果。就中国优秀传统文化而言,营造良好的氛围,有利于大学生对它的接受,从而提高自身的思想政治素质。

1. 校园氛围的营造

校园环境是大学生的生活场所,因此,营造良好的校园氛围有利于大学生接受中国优秀传统文化。对良好校园氛围的营造可从静、动两个层面努力。

静态的校园氛围,就是把中国优秀传统文化元素注入到校园中静止的物体之中,让静态的物体"说话",以实现思想政治教育功能的渗透,提升大学生的思想政治素质。高校校园中静态的物体有很多,如教室和宿舍的布局、名人塑像等。大学生在近距离感知这些物体时,中国优秀传统文化也像种子一样,扎根在他们心中,不断发酵、升华,使他们的心灵受到洗礼,情感得到陶冶,从而实现提升大学生思想政治素质的目的。

动态的校园氛围,就是通过组织多种活动,让大学生在轻松愉快的活动中,感受中国优秀传统文化,固化大学生对中国优秀传统文化的认知和认同,增强他们对中国优秀传统文化的接受,以实现提高大学生思想政治素质的目的。

2. 家庭氛围的营造

家庭是社会的细胞,大学生也离不开这一场所。家庭的氛围影响大学生道德品质的形成。因此,把中国优秀传统文化注入家庭生活之中,营造良好的家庭氛围,是提高大学生思想政治素质的重要环节。

首先,要注重家长的言传身教。如果说家庭是人生的第一所学校,那么,家长就是子女的第一任教师。家长的言行也成了子女模仿的榜样。家长对子女的这种影响是深远的,即使子女到了大学阶段,也概莫能外。中国优秀传统文化虽然具有时代性、历史性,但它并没有远离现实。父慈子孝、兄友弟恭、勤俭持家、邻里团结、微笑待人……这些虽是优秀传统文化的要求,但何尝不是现代社会的必需!如果家长在日常生活中能持续做到这些,不仅能营造良好的家庭气氛,而且也有利于大学生固化优秀传统文化,提升大学生的思想政治素质。这就要求家长注重自身的言传身教,自觉把自己的言行与中国优秀传统文化相结合,并用于待人接物、与人交往之中,使大学生在良好的氛围中,经受优秀传统文化的熏陶,从而影响大学生,使大学生自觉传承优秀传统文化。

其次,要注重优秀的家庭传统文化教育。

注重家庭传统文化教育就是要注重"家训、家规、家教、家风"的教育。虽然家训、家规、家教、家风的形式多样，但它们的内容指向却大致相同，那就是尊老爱幼、诚实守信、勤俭持家、宽以待人、和睦相处、谦虚谨慎等。"一粥一饭，当思来处不易；半丝半缕，恒念物力维艰""各亲其亲，各子其子"等就是真实写照。当然，对传统家训、家规、家教、家风等，我们并不是要全部继承，而是继承它的优秀部分。对于愚忠、愚孝等糟粕部分，我们并不继承，也不能继承。当回望优秀的家庭传统文化教育，我们不难发现，这些就是中国优秀传统文化的重要组成部分。也就是说，家训、家规、家教、家风传递着家国情怀、社会关爱和人格修养教育的内容。虽然家训、家规、家教、家风的内容历经变迁，但它们义理的现实功能却不能否定。它们有益于滋养大学生的道德品质，有益于提升大学生的思想政治素质，有益于对大学生进行终极关怀。

既然优秀的家庭传统文化教育如此重要，这就需要各个家庭，尤其要求家长，把这些内容融进家庭生活之中，并自觉遵守。这种自觉实践，既营造了传承中国优秀传统文化的良好氛围，同时，也有利于大学生把优秀传统文化内化于心，从而提升自身的思想政治素质。

第三节 高校专业教育中融入中国优秀传统文化教育

一、专业教育概述

（一）专业教育的概念

在《教育大辞典》中，专业教育是指在一定的普通教育的基础上实施的培养某一领域专业人才的教育。《美国高等教育百科全书》对专业教育的解释是：大学提供给学生的一种主要的教育类型，其主要目的在于培养学生成为在某些特定职业领域的从业者。国内研究中具有代表性的观点是将专业教育定义为"培养基于高深学问的职业人才的教育"。定义涉及专业教育在学术和职业两方面的内容。从学术上来说，专业教育既包括专业领域内普遍的知识理论，也包括为专业教育奠定人文和科学基础的相关知识（如医学以生物学、化学为基础）以及价值观、技能等方面的内容。从职业的维度，专业教育包括对实践经验和基本技能的培训，以及职业信念和职业伦理等内容。

通过比较可以发现，与专业教育的培养宗旨不同，通识教育目的在于通过对学生提供更广泛的知识，发展其思维能力，提高学生的价值判断力、审美能力等，并以此使学生的感情和理智都得到发展，从而造就一个具有完整人格的人。

因此，通识教育是对学生进行专业教育以外的培养，以此实现人全面发展的培养目标。

改革开放以来，我国通识教育的发展经历了从无到有、"通专对立"到现在"通专结合"的过程。界定专业教育的概念可以帮助我们对通识教育在实现"通专结合"本科教育模式的建设中所发挥的作用等方面建立基本的认识。

（二）专业教育的性质与内容

在清楚界定专业教育之前，需要厘清与专业相关的一些术语，其中包括行业、职业、事业和专业。"事业"一词涉及职业寿命内典型或实际的就业和工作任务的次序，有时它关系到相对成功的专业道路，有时又指超常的成功。这些任务和事业具有以下特点：①倾向于相对稳定。②以相对罕见的而且是不能轻易被替代的能力为基础，即强调专业主义的不同水平。③形成不同个人的社会条件，并创立一种自豪感和认同感，例如根据长期大学传统所强化的专业性，相应地，像经济学、商业研究和工程学这些比法律和医学等学科晚些历史阶段进入大学的专业，倾向于被排在较低的位置。④倾向于和某些类型的教育和训练相关联。与职业相比，"专业"一词倾向于指高水平的工作，在较低的职业水平上允许使用"职业主义"的轻蔑用法。

把这几个术语与教育联系起来可以确定专业教育的性质。经过历史的发展与逻辑的推演，关于专业的性质形成了比较成熟稳定的看法，这包括：①专业是指专门行业。②引入教育领域以后就成为培养专门人才的专用术语，即专业也指学业门类，大体相当于《国际教育标准分类》的课程计划或美国高等学校的主修。与行业相关的教育依据层次可以分为职业教育和专业教育，本书所研究的是后者，即专业教育。

二、高校专业教育中融入优秀传统文化教育的实践路径——以播音主持专业为例

（一）传统文化融入播音主持专业教育的必要性

1. 传统文化为播音主持创作提供内容源泉

文字语言是传统文化流传的最主要形式，通过文字语言留存至今的先哲先贤的著作、经典文学艺术、民间遗存文化等，播音主持创作活动通过有声语言表达的还原、转化与表达，以不同介质形式进行创新性的传播与弘扬，在为播音主持创作提供内容源泉的同时，也发挥了有声语言表达记录时代和传承传统文化的功能。

传统文化为播音主持创作内容与形式上的百花齐放奠定了基础，播音主持创作通过有声语言传播，为传统文化在新时代的蓬勃绽放提供了新的传播形式。

2. 传统文化为播音主持创作奠定审美基础

播音主持创作的风格多样：新闻语言的庄重、评论语言的简明、文艺语言的优美，这些语言表达的基本单位是词，基本结构是汉语语法，语言则是表达思想、阐述思维、沟通交流的重要支撑。现代社会语言表达遵循了传统文化发展的脉络，摒弃糟粕，传承经典，因而在总体上体现了本民族的主流审美意识理念。

播音员、主持人通过有声语言与受众进行沟通交流，是基于本民族的思维模式，使用符合本民族语言规范的词语，并且语言传播规律符合本民族语法规范的要求，才能确保语言表达的艺术展现和信息传播效果。这种规范性的表达建立在本民族的主流审美基础之上，也为有声语言创作建立了审美标准：播音主持创作与民族审美理念相统一，有声语言表达与民族意识形态相统一。

3. 创作主体素养提升的必然要求

播音主持创作活动和有声语言表达的主体是"人"，是处于传播过程中关键一环的播音员、主持人，播音员、主持人的知识体系和文化素养对于有声语言创作质量的提升至关重要，也是创作主体的核心优势所在。

传统文化在发展过程中形成了独具特色的民族精神和人文特色，继承和发扬优秀传统文化是播音员、主持人进行创作活动的遵循。优秀的创作主体是播音主持专业教育培养的核心所在，播音员、主持人创作素养的提升应以专业教育为起点，贯穿于整个创作生涯，他们自觉承担起弘扬民族精神和人文特色的责任。因此传统文化为创作主体素养的提升提供了指引，体现了传统文化融入播音主持专业教育的必要性。

（二）传统文化融入播音主持专业教育的路径

传统文化融入播音主持专业教育的路径可以概括为：以提升准播音员、准主持人的传统文化素养和审美意识为理念驱动，以树立自觉承担创造性传播传统文化职责为教学目标，以即兴口语表达课程和电视节目创作课程为切入点，将优秀传统文化融入节目策划与制作、思维逻辑与语言表达的具体环节，并通过专业教育、专业活动、交叉性实践、跨学科融合等教学环节，重点提升准播音员、准主持人有声语言表达的创作质量和艺术审美理念，从而实现传统文化创造性转化发展和播音主持创作主体素养提升的双重目标。

（三）传统文化融入即兴口语表达课程的方法

即兴口语表达课程是播音主持教育的核心专业课之一，其作用是帮助准播音员、准主持人建立起良好的思维逻辑，提升"无稿播音主持"的创作质量。将传统文化融入该课程，是以传统文化凝练的意识形态作为即兴口语表达的思维模式，将传统文化中的文字语言转化为即兴口语表达的内容，从而做到"无稿播音，出口成章"的有效话语传播。

1. 以凝练的意识形态为即兴口语表达的思维模式

传统文化的艺术创作中出现了百花齐放的作品，这些艺术作品中所呈现的意识形态直接影响中华民族的思维模式、审美情趣、生活习惯等。即兴口语表达从这些凝练的意识形态中汲取元素，转化为即兴口语表达的思维模式，使有声语言表达从根基上符合本民族的视听传播习惯和需求。

在具体教学环节中，从传统绘画艺术作品中选取优秀作品，作为形象思维、想象能力的训练依据。例如在教学内容上，可以通过对张择端的名画《清明上河图》的外在形象描述来训练学生对事物表象的认知和对形象的理解，并配以历史常识和艺术常识，来规定即兴语言表达的创作路线；亦可以使用《清明上河图》中的不同人物形象激发学生的想象能力，通过想象能力的提升来发现新角度、新方向，使学生敢于说出自己的想法。

从传统诗文著作中选择不同韵律的诗歌，通过不同音律的创作特点训练学生的逻辑思维能力。例如在教学内容上，利用《天净沙·秋思》这一元曲进行改编训练，规定其在前三句的模拟改编中，对象必须为景物并配以相应的形容词，并在后两句抒发一种"精致"的情绪，借此来提升学生的限定性逻辑思维能力。

从传统音乐作品中选择不同类型的曲子，通过乐曲设置创作氛围，训练学生的发散性思维能力。例如在教学内容上，可以利用《高山流水》和《十面埋伏》两种风格截然不同的传统音乐，让学生在音乐行进过程中，结合自身的感受和音乐氛围完成规定主题的即兴口语表达，借此来训练学生发散性思维的扩展能力。每一类传统文化所呈现出的意识形态都可以成为思维模式训练的依据，只有掌握了不同的思维模式，才能借助思维模式进行即兴口语表达创作。掌握思维模式和扩展能力越扎实，即兴口语表达创作的质量越高，越能吸引和感染受众，为其提供丰富的审美价值情趣。

2. 以传统文化中的文字语言为即兴表达的内容

传统文化中的文字语言极为丰富，经典的唐诗宋词、流传的小说演义、不朽的文史著作等，都为有声语言表达提供了丰富的创作依据。从传统文字语言中汲取的元素，转化为即兴口语表达创作的内容，使播音员、主持人在受众面前展现出良好的文化素养，这不仅有利于提升节目的收视效果，也有助于播音主持风格的形成，在受众的视野里形成丰满的职业形象。

在具体教学环节中，教师要求学生在展现不同思维模式下的即兴语言表达中，使用不同历史时期、不同体裁、不同风格的文字语言作为创作依据。例如在归纳思维模式的表达中，设置"诗歌"主题为论点，学生利用至少六个不同历史时期的经典名句、名篇为创作依据，并从中归纳总结出具有同一本质性的结论，增强优秀传统文化的储备。

在心理思维模式的表达中，设定"女性人物"主题为论点，学生利用该女性人物不同的评价语言为创作依据，教师设置符合人物历史特征的具体创作氛围和场景，让学生通过想象激发心理活动并引起符合意境的即兴语言表达创作，增强有声语言表达的感染力。

在现实问题的即兴语言表达中，教师设定"改革"主题为论点，学生利用历史上的重要政治改革、城市变迁活动为创作依据，将历史上的改革经验教训作用于现代国家治理与改革的环境中，用传统文化智慧解决现代发展进程中出现的相似问题，提升学生关注时政的敏感度，使有声语言表达符合时代氛围。

（四）传统文化融入电视节目创作课程的方法

电视节目创作课程是播音主持教育的核心课程之一，是准播音员、准主持人利用有声语言表达技巧，结合节目策划与制作理念而进行的整合传播活动，是与媒体业界连接最为紧密的课程。媒体是信息交流、娱乐共享的重要载体，这种功能的实现是以节目为最终输出端，节目内容的质量和品位决定了媒体的竞争力和品牌价值。

近些年来流行的《经典咏流传》《朗读者》等节目是从传统文化中挖掘内涵进行创新传播，而在《奔跑吧》等综艺节目中涉及的少数民族文化和地理文化，是对传统文化与节目策划制作创造性的融合。这些节目在一定时期内获得受众的认可并引发热议，凸显了媒体的寓教于乐、传播文化等功能。将传统文化融入该课程，是将传统文化贯穿于节目策划、采编、制作、播出、反馈等全过程及各环节，尤其是在节目策划和节目播出环节彰显传统文化的渗透力和生命力。

1. 将传统文化融入节目策划环节

节目策划是凸显整档节目立意的重要一环，节目策划需要优秀的创意。节目是媒体价值理念输出的重要阵地，长期过度娱乐化、缺乏深度，会使媒体丧失公信力和吸引力。在国家层面"推动优秀传统文化创造性转化、创新性发展"的契机引领下，节目策划环节应从传统文化中寻求创作源泉，提升节目品质。

在电视节目创作课程具体教学环节中，教师通过讲授不同类型的社教类节目、综艺娱乐类节目的策划环节融入传统文化，在准确定位受众的基础上，有针对性地加强特定类型节目的策划创意，提高节目策划环节的质量。

在具体教学内容上，以社教类节目为主要切入口。传统文化与社教类节目的融合，有助于其准确恰当地传播。选取社教类节目中的旅游类节目为代表，限定其创作主题为"文化之旅"，其节目策划环节要通过展现不同地域的代表性建筑或非遗文化为创作内容，通过演播室与实地外景相结合的方式完成节目策划创意环节。

从综艺娱乐类节目入手，教师选取该类型节目中的音乐类节目为代表，限定其创作主题为"民族音乐"，其节目策划环节要通过展现不同地域、不同民族的代表性音乐为创作内容，通过演播室与嘉宾交流、实地探访的方式完成节目策划创意环节。

将传统文化融入节目策划创意环节，对于学生掌握传统文化的能力要求较高。因此，在播音主持专业教育低年级阶段，应陆续开设中国传统文化等基础理论课，并要求学生在公共选修课阶段选择相关艺术门类创作课程，以加深对传统文化、传统艺术的认知，为高年级修读电视节目创作课程奠定理论基础。

2. 将传统文化融入节目播出环节

播音员、主持人在节目播出过程中，是以有声语言表达为主要手段，并伴以副语言沟通的方式来传递信息、传播文化。在即兴口语表达课程中，对准播音员、准主持人的有声语言表达内容和创作质量进行规范和设定，而电视节目创作课程更加关注到准播音员、准主持人的副语言。

在具体教学环节中，教师应要求学生在节目播出过程中所涉及的服装、道具等副语言，必须符合节目主题所限定的范围。以社教类节目中的美食类节目为例，教师限定其创作主题为"贵州美食"，学生在演播室进行模拟节目播出的过程中，身着具有贵州苗族少数民族特色的服装，准备具有贵州当地特色的"苗族酸汤鱼"，通过有声语言讲解贵州人对于"酸"的执着，并利用服装、道具等加强视觉效果，使节目创作更具真实感和代入感。

参考文献

[1] 王承庆，许昌斌．优秀传统文化融入大学生思想政治教育的路径探析[J]．开封教育学院学报，2017，37（03）：221—223．

[2] 康丽勇．论中国优秀传统文化在大学生思想政治教育中的价值及其实现[J]．未来与发展，2017，41（03）：107—109+118．

[3] 凌丹妮．中国优秀传统文化在大学生思想政治教育中的应用研究[D]．沈阳航空航天大学，2017．

[4] 丁宏．优秀传统文化与大学生思想政治教育融合探究[J]．思想政治教育研究，2016，32（06）：97—100．

[5] 朱俊．传统文化与思想政治教育融合创新的有效途径——评《中国优秀传统文化与大学生思想政治教育探究》[J]．新闻与写作，2016（12）：124．

[6] 何文婷，任一雄．中国优秀传统文化与当代大学生思想政治教育的思考[J]．高教学刊，2016（22）：226—227．

[7] 边峰．中国优秀传统文化在大学生思想政治教育中价值实现的途径研究[J]．党史博采（理论），2016（09）：68—70．

[8] 崔志爱．习近平传统文化观视域下大学生思想政治教育的创新研究[D]．山西财经大学，2016．

[9] 李莉．中国优秀传统文化精神融入大学生思想政治教育研究[D]．武汉科技大学，2016．

[10] 乔雨．媒体融合发展背景下大学生思想政治教育实效性研究[D]．天津商业大学，2016．

[11] 姚奎栋．大众文化对大学生思想政治教育的影响及对策研究[D]．辽宁大学，2016．

[12] 韩丹．民族院校大学生思想政治教育现状及对策研究——以四川民族院校为例[D]．西南财经大学，2016．

[13] 王颖．论中国优秀传统文化在当代大学生思想政治教育中的价值[J]．辽宁行政学院学报，2015（07）：85—88．

[14] 韩晓曦．中国优秀传统文化的思想政治教育功能[J]．黑龙江教育学院学报，2015，34（06）：83—84．

[15] 李振宇. 优秀传统文化在大学生思想政治教育中的应用研究 [D]. 安徽农业大学, 2015.

[16] 刘佳. 中国优秀传统文化在高校思想政治教育中的价值与应用 [D]. 东北农业大学, 2015.

[17] 丁慧. 传统文化在高校思想政治教育中的应用研究 [D]. 中北大学, 2015.

[18] 于玲. 中国优秀传统文化融入大学生思想政治教育的有效路径研究 [D]. 山东大学, 2015.

[19] 郑太升. 中国优秀传统文化与大学生思想政治教育的融合研究 [J]. 济源职业技术学院学报, 2015, 14 (01): 24—25+28.

[20] 宋向华. 中国优秀传统文化对高校创新人才的育人研究 [D]. 重庆工商大学, 2014.

[21] 潘昊辉. 论中国优秀传统文化在大学生思想政治教育中的意义和应用 [D]. 河南大学, 2014.

[22] 周春辉. 中国传统文化在思想政治教育中的实现 [J]. 中州大学学报, 2014, 31 (02): 100—103.

[23] 张丰. 网络文化背景下的大学生思想政治教育研究 [D]. 兰州交通大学, 2014.

[24] 刘桂荣. 大学生负性情绪问题的文化调适研究基于中国优秀传统文化资源 [D]. 安徽师范大学, 2014.

[25] 丛羽. 儒家思想在大学生思想政治教育中的作用研究 [D]. 渤海大学, 2014.

[26] 张宇. 论太行精神与大学生思想政治教育 [D]. 山西财经大学, 2014.

[27] 邢鹏飞. 人性和谐视野中高校思想政治教育创新研究 [D]. 西北农林科技大学, 2013.

[28] 李蔚然. 基于突发事件的大学生思想政治教育研究 [D]. 中国地质大学, 2013.

[29] 李德万. 优秀传统文化在大学生思想政治教育中的价值及实现途径研究 [D]. 辽宁师范大学, 2013.

[30] 郑铁. 中国传统文化与当代大学生思想政治教育相结合途径探析 [J]. 文学界（理论版）, 2012 (10): 356—357.

[31] 刘芸. 思想政治教育视域下大学生绿色消费教育问题研究 [D]. 河南理工大学, 2012.

[32] 李雪飞. 中国传统文化对高校大学生思想政治教育的价值研究 [D]. 吉林农业大学, 2012.

[33] 孙卿. 中国传统节日文化与大学生思想政治教育研究 [D]. 重庆工商大学, 2012.

[34] 李大伟. 基于传统文化维度的大学生思想政治教育创新探究 [J]. 江苏高教, 2012 (02): 133—134.

[35] 李琳. 当代中国文化保守主义思潮及其对大学生的影响研究 [D]. 武汉大学, 2011.

[36] 刘新华. 中国优秀传统文化与大学生思想政治教育 [J]. 三峡大学学报（人文社会科学版），2010, 32 (S2): 10—12.

[37] 孙婧. 大学生思想政治教育中的人文关怀研究 [D]. 山东师范大学, 2010.

[38] 于秋波, 吕翠微, 付亚樵. 中国传统道德文化与大学生思想政治教育融合的时代价值 [J]. 佳木斯大学社会科学学报, 2009, 27 (05): 119—120.